COLEÇÃO

POCKET BOOK

THEREZA NAHAS

COORDENADORA

COLEÇÃO
POCKET BOOK
THEREZA NAHAS
COORDENADORA

DENISE FINCATO
DENISE DE OLIVEIRA HORTA

AÇÃO RESCISÓRIA NO PROCESSO DO TRABALHO

MATRIOSKA
EDITORA

Publisher – Editorial: Luciana Félix
Publisher – Comercial: Patrícia Melo
Coordenação editorial da coleção: Ana C. Moura
Copidesque e preparação de texto: Luisa Lopes
Revisão: Equipe Matrioska Editora
Editoração e capa: Marcelo Correia da Silva

Matrioska Editora
Atendimento e venda direta ao leitor:
www.matrioskaeditora.com.br
contato@matrioskaeditora.com.br
facebook.com/matrioskaeditora
instagram.com/matrioskaeditora

Dados Internacionais de Catalogação na Publicação (CIP)
(Câmara Brasileira do Livro, SP, Brasil)

Fincato, Denise
Ação rescisória no processo do trabalho / Denise Fincato, Denise de Oliveira Horta. -- São Paulo, SP : Matrioska Editora, 2022. -- (Coleção pocket book / Thereza Nahas, coordenadora)

Bibliografia.
ISBN 978-65-86985-68-9

1. Ação rescisória 2. Ação rescisória - Brasil 3. Direito processual do trabalho I. Horta, Denise de Oliveira. III. Nahas, Thereza. IV. Título. V. Série.

22-118499 CDU-347.922:331(81)

Índices para catálogo sistemático:

1. Brasil : Ação rescisória : Processo trabalhista 347.922:331(81)
2. Brasil : Processo trabalhista 347.922:331(81)

Cibele Maria Dias - Bibliotecária - CRB-8/9427

Impresso no Brasil
2022

As Autoras

Denise Fincato

Doutora em Direito - Universidad de Burgos e Pós-Doutora pela Universidad Complutense de Madrid, onde pesquisou sobre "Crise, Tecnologia e Trabalho: estudo das Reformas Laborais (comparativo Brasil e Espanha)". Visiting Researcher na Universita degli Studi de Parma. Professora-pesquisadora na Pontifícia Universidade Católica do Rio Grande do Sul, onde ministra as disciplinas de "Novas Tecnologias e Relações de Trabalho" e "Metodologia da Pesquisa Jurídica". É coordenadora do grupo de pesquisas Novas Tecnologias, Processo e Relações de Trabalho (CNPQ/PUCRS). Acadêmica Titular da Cadeira número 34 da Academia Sul-Rio-Grandense de Direito do Trabalho. CEO do Instituto Workab. Advogada e Consultora Trabalhista. Sócia Fundadora do Escritório Denise Fincato Advogados. E-mail: dpfincato1@gmail.com

Denise de Oliveira Horta

Mestre em Direito na Pontifícia Universidade Católica do Rio Grande do Sul. Pesquisadora do Grupo de Pesquisa Relações de Trabalho e Sindicalismo. Pesquisadora e líder de eixo de pesquisa do Grupo de Pesquisa Novas Tecnologias, Processo e Relações de Trabalho. Especialista em Direito do Trabalho e Direito Processual do Trabalho pela PUCRS (2020). Pós-graduada em Derechos Humanos Laborales y Gobernanza Global pela Universidad de Castilla-La Mancha, Espanha (2019). Bacharel em Direito pela PUCRS (2017) e bacharel em Arquitetura e Urbanismo pela UFRGS (2003). Servidora pública no Tribunal Regional do Trabalho da 4ª Região, atualmente lotada na Secretaria de Recurso de Revista. E-mail: denisehorta@gmail.com

Apresentação da Série

A coleção Pocket-book chega ao leitor com a intenção de proporcionar uma ferramenta de trabalho e conhecimento que permita a consulta rápida, inteligente e com a qualidade que o modelo da tecnologia atual exige.

Os temas monográficos e a diversidade de autores e pensamentos evitam que a velocidade das alterações legislativas, jurisprudenciais, políticas e sociais possam comprometer a atualidade das obras.

O formato praticamente 100% digital do conteúdo (com impressões esporádicas e sob demanda) viabiliza as atualizações constantes e necessárias para a compreensão dos temas propostos.

O mundo em constante transformação, a aceleração da tecnologia da informação e da comunicação e os vários instrumentos normativos que surgem nos diferentes países impactando, inclusive, a zona de conforto que cada um de nós vive, requer atualizações mais dinâmicas e intercâmbios culturais, políticos, jurídicos e sociais. O mundo não tem fronteiras e reclama que cada um possa ir mais além, justamente pela união dos povos e a cooperação transnacional.

Vivemos no século da sociedade do conhecimento, fundamento este de cada Pocket-book que o leitor poderá absorver!

Thereza Nahas

Coordenadora e autora

Sumário

NOÇÕES INTRODUTÓRIAS

A presente obra aborda a ação rescisória com foco no Direito Processual do Trabalho, apoiado em diversas fontes do Direito Processual Civil, uma vez que a Consolidação das Leis do Trabalho (CLT) é sucinta quanto à matéria e a aplicação subsidiária do Código de Processo Civil (CPC) é imprescindível. O art. 15 do CPC[1], combinado com o art. 769 da CLT[2], autorizam que *"[...] nos casos omissos e/ ou compatíveis, o juiz poderá aplicar, de forma auxiliar, secundária*

[1] "Art. 15. Na ausência de normas que regulem processos eleitorais, trabalhistas ou administrativos, as disposições deste Código lhes serão aplicadas supletiva e subsidiariamente."

[2] "Art. 769 - Nos casos omissos, o direito processual comum será fonte subsidiária do direito processual do trabalho, exceto naquilo em que for incompatível com as normas deste Título."

(subsidiária) ou complementar (supletiva) a norma processual civil ao vazio legislativo processual trabalhista."[3]

Por outro lado, a jurisprudência da área trabalhista é vasta quanto à ação rescisória, existindo inúmeras súmulas e orientações jurisprudenciais do Tribunal Superior do Trabalho (TST) que orientam a aplicação das normas processuais civis ao processo do trabalho. Alude-se, ademais, às instruções normativas editadas pelo TST, mormente as de números 39 e 41, que orientam quanto à aplicação das normas processuais civis ao processo do trabalho.

Destarte, inicia-se com breves apontamentos acerca da história da ação rescisória, em termos gerais, para então tratar da sua evolução legislativa, essa em âmbito brasileiro. A seguir, adentra-se em questões relativas à natureza jurídica, à finalidade e ao fundamento jurídico do objeto de estudo.

1.1 Breve evolução histórica e legislativa

As origens históricas da ação rescisória remetem a diversos institutos consagrados do Direito europeu, notadamente a *restitutio in integrum* do Direito Romano, a *querela nullitatis insanabilis* dos estatutos medievais italianos e, ainda, a revista de justiça e a *viam nullitatis* do Direito lusitano medieval[4].

A *restitutio in integrum* era um meio de impugnação de sentença contrária à equidade, ainda que formalmente válida (diferentemente da *appellatio*, que era o recurso cabível contra sentenças válidas,

---

[3] NAHAS, Thereza Christina; FINCATO, Denise; CAMPOS, Amália Rosa de. *Prática de processo do trabalho:* do presencial ao virtual. São Paulo: Thomson Reuters Brasil, 2020. p. 43.

[4] MARINONI, Luiz Guilherme; MITIDIERO, Daniel. *Ação rescisória*: do juízo rescindente ao juízo rescisório. São Paulo: Revista dos Tribunais, 2017.

mas injustas)[5]. Na *restitutio*, o pretor romano poderia determinar o retorno ao *status quo ante*, desfazendo o ato realizado, tendo como justas causas a menoridade, a violência, o dolo, a fraude, o erro, a perda de capacidade civil do devedor, o falso testemunho e a decisão baseada em documentos falsos[6].

Destacam-se entre as principais características da *restitutio*:

1. bastava a probabilidade de dano;
2. somente poderia ser concedida se não houvesse outro meio jurídico para reparar o dano;
3. o pedido de restituição suspendia a execução; e
4. não podia ser fundamentada em caso fortuito[7].

A *querela nullitatis insanabilis* do Direito medieval italiano foi criada para desafiar sentenças inválidas, preenchendo um vazio do Direito romano relativo às sentenças contra as quais não cabiam nem *appellatio*, nem *restitutio*. O desenvolvimento da *querela* no direito medieval, especialmente da Península Ibérica, culminou com a criação de quatro meios de desconstituição da decisão judicial: *appellatio*, *supplicatio*, *restitutio in integrum* e *querela* (instituídas pelas *Siete Piedras* espanholas)[8].

No Direito português, influenciado pelas *Siete Piedras* espanholas, as Ordenações Afonsinas, Manuelinas e Filipinas previam o recurso de revista para impugnar o julgado, sendo ele dividido em duas espécies: revista de justiça e revista de graça especial. Para este estudo, interessa a revista de justiça, que objetivava a desconstituição da

---

[5] MARINONI, Luiz Guilherme; MITIDIERO, Daniel. *Ação rescisória*: do juízo rescindente ao juízo rescisório. São Paulo: Revista dos Tribunais, 2017.

[6] TEIXEIRA FILHO, Manoel Antonio. *Ação rescisória no processo do trabalho*. 5. ed. São Paulo: LTr, 2017.

[7] TEIXEIRA FILHO, Manoel Antonio. *Ação rescisória no processo do trabalho*. 5. ed. São Paulo: LTr, 2017.

[8] MARINONI, Luiz Guilherme; MITIDIERO, Daniel. *Ação rescisória*: do juízo rescindente ao juízo rescisório. São Paulo: Revista dos Tribunais, 2017.

decisão na qual houvesse suborno do juiz ou que fosse embasada em provas falsas. Por outro lado, a falta de citação, a violação de coisa julgada, a incompetência do juízo e a sentença proferida contra o direito, entre outras causas, poderiam ser alegadas mediante *viam nullitatis*, e estavam relacionadas à sentença inválida[9].

Todos esses antecedentes contribuíram para a formação da concepção de ação rescisória no Direito português e, consequentemente, no Direito brasileiro. As Ordenações Filipinas seguiram regendo o processo civil no Brasil por algum tempo após a Independência do país, até o surgimento das primeiras leis nacionais.

O Regulamento nº 737 de 1850 (Código de Processo Comercial), considerado um marco do direito processual nacional, previa a nulidade de sentença, porém a limitava às causas comerciais[10]. O art. 680[11] do Regulamento estabelecia as causas de nulidade de sentença e o art. 681[12] indicava as formas de buscar a anulação de sentença, incluindo, entre elas, a ação rescisória. O Decreto nº 763, de 1890, estendeu a aplicação do Regulamento nº 737 também às causas cíveis, inclusive a ação rescisória[13].

---

[9] MARINONI, Luiz Guilherme; MITIDIERO, Daniel. *Ação rescisória*: do juízo rescindente ao juízo rescisório. São Paulo: Revista dos tribunais, 2017.

[10] PORTO, Sérgio Gilberto. *Ação rescisória atípica:* instrumento de defesa da ordem jurídica. São Paulo: Editora Revista dos Tribunais, 2003.

[11] "Art. 680. A sentença é nulla: § 1.° Sendo dada por Juiz incompetente, suspeito, peitado ou subornado. [...] § 2.° Sendo proferida contra a expressa disposição da legislação commercial (art. 2°). A illegalidade da decisão e não dos motivos e enunciado della constitue esta nullidade. § 3.° Sendo fundada em instrumentos ou depoimentos julgados falsos em Juizo competente. § 4.° Sendo o processo em que ella foi proferida annullado em razão das nullidades referidas no capitulo antecedente."

[12] "Art. 681. A sentença póde ser annullada: § 1.º Por meio de appellação. § 2.º Por meio da revista. § 3.º Por meio de embargos á execução (art. 577 § 1º). § 4.º Por meio da acção rescisoria, não sendo a sentença proferida em grau de revista."

[13] TEIXEIRA FILHO, Manoel Antonio. *Ação rescisória no processo do trabalho*. 5. ed. São Paulo: LTr, 2017.

A Constituição de 1891 concedeu aos estados a autonomia para legislar sobre processo. Alguns estados editaram seus próprios códigos; outros, no entanto, seguiram utilizando o Regulamento nº 737 até 1939, quando entrou em vigor o Código Nacional de Processo Civil[14].

O Código de Processo Civil de 1939 disciplinava a ação rescisória em um título próprio, nos artigos 798 a 801. O art. 798[15] referia quatro hipóteses de nulidade da sentença (não usava o vocábulo "rescisão"), entre as quais sublinha-se a sentença proferida com ofensa à coisa julgada e a sentença proferida contra literal disposição de lei. Ademais, destaca-se o art. 801[16], que limitava o julgamento da ação rescisória a uma única instância.

O Código de Processo Civil de 1973 acrescentou outras causas de rescindibilidade das decisões, já utilizando o verbo "rescindir", porém ainda nomeando "sentença" como o objeto da rescisão. O art. 485[17] trazia nove hipóteses, tais como sentença dada por prevaricação,

---

[14] PORTO, Sérgio Gilberto. *Ação rescisória atípica:* instrumento de defesa da ordem jurídica. São Paulo: Editora Revista dos Tribunais, 2003.

[15] "Art. 798. Será nula a sentença: I – quando proferida: a) para juiz peitado, impedido, ou incompetente racione material e; b) com ofensa à coisa julgada; c) contra literal disposição de lei. II – quando o seu principal fundamento for prova declarada falsa em Juízo criminal, ou de falsidade inequívocamente apurada na própria ação rescisória."

[16] "Art. 801 - A ação rescisória será julgada em única instância, pelo tribunal competente, segundo a le de organização judiciária e processada na forma seguinte: § 1º - Se a petição se revestir dos requisitos dos arts. 158 e 159, o relator a que fôr distribuída ordenará a citação do réu por intermédio da Secretaria do Tribunal, por qualquer das formas previstas neste Código."

[17] "Art. 485. A sentença de mérito, transitada em julgado, pode ser rescindida quando: I - se verificar que foi dada por prevaricação, concussão ou corrupção do juiz; II - proferida por juiz impedido ou absolutamente incompetente; III - resultar de dolo da parte vencedora em detrimento da parte vencida, ou de colusão entre as partes, a fim de fraudar a lei; IV - ofender a coisa julgada; V - violar literal disposição de lei; VI - se fundar em prova, cuja falsidade tenha sido apurada em processo criminal ou seja provada na própria ação rescisória; VII - depois da sentença, o autor obtiver documento novo, cuja existência ignorava, ou de que não pôde fazer uso, capaz, por si só, de lhe assegurar pronunciamento favorável; VIII - houver fundamento para invalidar confissão, desistência ou transação, em que se baseou a sentença; IX - fundada em erro de fato, resultante de atos ou de documentos da causa."

concussão ou corrupção do juiz (substituindo o termo "juiz peitado" do Código anterior); sentença com violação literal de disposição de lei; e sentença proferida por juiz impedido ou absolutamente incompetente.

Finalmente, o CPC de 2015 trouxe algumas importantes alterações relativas à ação rescisória, entre as quais a ampliação do objeto da rescisão, que incluiu decisões que não sejam de mérito[18] no § 2º do art. 966. O Código atualmente vigente também corrigiu uma atecnia do estatuto anterior, trocando a palavra "sentenças" por "decisões" no *caput* do art. 966 (antigo 485).

Outra retificação que merece destaque é o inciso que trata de impedimento e incompetência, que antes se referia apenas ao juiz e agora, corretamente, consigna impedimento do juiz e incompetência do juízo[19]. Por fim, ainda cabe apontar o inciso V do art. 966 – violar manifestamente norma jurídica – que também sofreu uma modificação relevante, pois passou de violação de "lei" a violação de "norma legal", termo mais abrangente.

No que tange ao Direito Processual do Trabalho, a ação rescisória já foi considerada inaplicável, nos termos da redação original do art. 836 da CLT, *verbis*: "É vedado aos órgãos da justiça do Trabalho conhecer de questões já decididas, excetuados os casos expressamente previstos neste título." A Súmula nº 338 do STF[20] (de 1963) refletia o mesmo entendimento; embora não tenha sido formalmente cancelada, é jurisprudência considerada superada.

---

[18] BUENO, Cassio Scarpinella. *Curso sistematizado de direito processual civil*: procedimento comum, processos nos Tribunais e recursos. Vol. 2. 8. ed. São Paulo: Saraiva Educação, 2019.

[19] TEIXEIRA FILHO, Manoel Antonio. *Ação rescisória no processo do trabalho*. 5. ed. São Paulo: LTr, 2017.

[20] "Não cabe ação rescisória no âmbito da Justiça do Trabalho."

A reforma da CLT levada a cabo em 1967, por meio do Decreto-Lei nº 229/1967, passou a admitir a ação rescisória, acrescentando ao art. 836, *in fine*, a seguinte redação: *"[...] excetuados os casos expressamente previstos neste Título e a ação rescisória, que será admitida, no prazo de 2 (dois) anos, nos termos dos arts. 798 a 800 do Código de Processo Civil."* (grifo nosso).

Referida alteração legislativa ocorreu na vigência do CPC/1939, o que provocou a posterior necessidade de adequação ao CPC/1973, uma vez que o art. 836 da CLT fazia referência expressa a artigos do Código de Processo Civil anterior. Com um lapso temporal considerável (12 anos), a Lei nº 7.351/1985 promoveu a adequação da CLT ao CPC/1973[21]. Nas palavras de Homero Batista[22]: *"Poderia o legislador ter simplesmente dito que a ação rescisória era cabível no processo do trabalho ou que a ação rescisória trabalhista seguiria o rito do processo civil."*

Entretanto, ao fazer novamente referência ao Código vigente à época, o legislador incorreu em risco de inconformidade em caso de revogação do CPC, o que acabou ocorrendo em março de 2016, com o início da vigência da Lei nº 13.105/2015. Oportunamente, o Código Processual Civil de 2015 previu, no § 4º do art. 1046[23], que

---

[21] "Art. 836 - É vedado aos órgãos de Justiça do Trabalho conhecer de questões já decididas, excetuados os casos expressamente previstos neste Título e a ação rescisória, que será admitida, *na forma do disposto no Capítulo IV do Título IX da Lei nº 5.869, de 11 de janeiro de 1973 - Código de Processo Civil, dispensado o depósito referido nos artigos 488, inciso II, e 494 daquele diploma legal.*" (grifo nosso).

[22] SILVA, Homero Batista Mateus da. *Curso de Direito do Trabalho aplicado*: processo do trabalho. 3. ed. rev., atual. e ampl. São Paulo: Revista dos Tribunais, 2017. Coleção Curso de Direito do Trabalho Aplicado, Vol. 9. p. 307.

[23] "Art. 1.046. Ao entrar em vigor este Código, suas disposições se aplicarão desde logo aos processos pendentes, ficando revogada a Lei nº 5.869, de 11 de janeiro de 1973. [...] § 4º As remissões a disposições do Código de Processo Civil revogado, existentes em outras leis, passam a referir-se às que lhes são correspondentes neste Código."

as remissões aos artigos da lei revogada passassem a se referir às correspondentes naquele código[24].

Na mesma alteração legislativa da CLT (Lei nº 7.351/1985) foi incluída menção ao depósito (correspondente a 5% do valor da causa) prescrito no CPC/1973 para ajuizamento da ação rescisória, determinando que na seara trabalhista tal requisito não seria exigível. Destarte, durante mais de 20 anos, não houve requisito de depósito prévio para ajuizamento da ação rescisória trabalhista.

A Lei nº 11.495/2007 alterou novamente o art. 836 da CLT[25], para inserir um pressuposto processual específico, qual seja, o depósito prévio de 20% do valor da causa como condição para ajuizamento da ação rescisória trabalhista.

Menciona-se, ainda, na linha histórica de alterações legislativas da ação rescisória no Direito Processual do Trabalho, que a Medida Provisória nº 2.180-35/2008[26] introduziu um parágrafo único no art. 836 da CLT[27], trazendo especificidades quanto à execução da ação rescisória. Finalmente, cabe referir que a reforma trabalhista de 2017 (Lei nº 13.467/2017) não alterou dispositivos no que tange à ação rescisória.

---

[24] SILVA, Homero Batista Mateus da. *Curso de Direito do Trabalho aplicado*: processo do trabalho. 3. ed. rev., atual. e ampl. São Paulo: Revista dos Tribunais, 2017. Coleção Curso de Direito do Trabalho Aplicado, Vol. 9.

[25] "Art. 836. É vedado aos órgãos da Justiça do Trabalho conhecer de questões já decididas, excetuados os casos expressamente previstos neste Título e a ação rescisória, que será admitida na forma do disposto no Capítulo IV do Título IX da Lei no 5.869, de 11 de janeiro de 1973 – Código de Processo Civil, sujeita ao depósito prévio de 20% (vinte por cento) do valor da causa, salvo prova de miserabilidade jurídica do autor."

[26] Ainda vigente em decorrência da Emenda Constitucional nº 32.

[27] "A execução da decisão proferida em ação rescisória far-se-á nos próprios autos da ação que lhe deu origem, e será instruída com o acórdão da rescisória e a respectiva certidão de trânsito em julgado."

1.2 Natureza jurídica e finalidade

A ação rescisória é uma ação autônoma especial, de natureza constitutivo-negativa, cujo objetivo é a desconstituição da coisa julgada material. Em outras palavras, a ação rescisória busca a extinção da relação jurídica existente, porquanto eivada de vício grave[28]. Mauro Schiavi[29] define a ação rescisória como "*Ação de rito especial destinada a desconstituir a coisa julgada material nas hipóteses previstas em lei. Sua natureza é constitutivo-negativa ou desconstitutiva.*"

A ação rescisória caracteriza-se, sobretudo, por sua excepcionalidade, afinal tem por objetivo desconstituir a coisa julgada, direito fundamental elencado no art. 5º, XXXVI, da Constituição da República[30], e um dos pilares da segurança jurídica no ordenamento jurídico pátrio, juntamente com o direito adquirido e o ato jurídico perfeito. "*A coisa julgada material, por sua vez, é inerente à concepção moderna do Estado Democrático de Direito [...]*"[31], isto é, o Estado opta por limitar a possibilidade de revisão das decisões judiciais como forma de garantir o cumprimento das finalidades do processo (promover a pacificação social, efetivar a estabilidade das relações jurídicas e dizer o direito aplicável ao caso concreto)[32]. O interesse do Estado e da sociedade está na prestação jurisdicional justa e na integridade da

---

[28] PORTO, Sérgio Gilberto. *Ação rescisória atípica: instrumento de defesa da ordem jurídica*. São Paulo: Editora Revista dos Tribunais, 2003.

[29] SCHIAVI, Mauro. *Manual de direito processual do trabalho*. 16. ed. São Paulo: LTr, 2020. p. 1502.

[30] "Art. 5.º Todos são iguais perante a lei, sem distinção de qualquer natureza, garantindo-se aos brasileiros e aos estrangeiros residentes no País a inviolabilidade do direito à vida, à liberdade, à igualdade, à segurança e à propriedade, nos termos seguintes: [...] XXXVI - a lei não prejudicará o direito adquirido, o ato jurídico perfeito e a coisa julgada;"

[31] ALVIM, Teresa Arruda; CONCEIÇÃO, Maria Lúcia Lins. *Ação rescisória e querela nullitatis:* semelhanças e diferenças. 2. ed. São Paulo: Thomson Reuters Brasil, 2020. *E-book*

[32] ALVIM, Teresa Arruda; CONCEIÇÃO, Maria Lúcia Lins. *Ação rescisória e querela nullitatis:* semelhanças e diferenças. 2. ed. São Paulo: Thomson Reuters Brasil, 2020. *E-book*

ordem jurídica, portanto, essas devem se sobrepor à coisa julgada em caso de mácula da decisão[33].

De acordo com o artigo 502 do CPC, *"Denomina-se coisa julgada material a autoridade que torna imutável e indiscutível a decisão de mérito não mais sujeita a recurso"*. Trata-se, a ação rescisória, de uma exceção à regra de estabilidade das decisões judiciais (garantida pela coisa julgada material) e, por isso, as hipóteses de cabimento se apresentam em rol taxativo, não se confundindo com recurso[34].

No que se refere à distinção entre ação rescisória e recurso, ainda que ambos sejam meios de impugnação de decisão judicial, este dá-se no mesmo processo em que se formou a decisão impugnada, enquanto aquela ocorre em outra relação jurídico-processual. Além disso, a ação rescisória é tratada em capítulo próprio e específico do CPC, não estando elencada no capítulo dos recursos[35]. Ainda, o recurso tem o intuito de impedir o trânsito em julgado, mantendo a relação jurídica, ao passo que a rescisória depende do trânsito em julgado para ser proposta[36].

A finalidade da ação rescisória é atacar decisão de mérito já transitada em julgado, desde que eivada de vícios, como erro, dolo

---

[33] PORTO, Sérgio Gilberto. *Ação rescisória atípica*: instrumento de defesa da ordem jurídica. São Paulo: Editora Revista dos Tribunais, 2003. p. 34.

[34] ALVIM, Teresa Arruda; CONCEIÇÃO, Maria Lúcia Lins. *Ação rescisória e querela nullitatis:* semelhanças e diferenças. 2. ed. São Paulo: Thomson Reuters Brasil, 2020. *E-book*

[35] LEITE, Carlos Henrique Bezerra. *Curso de direito processual do trabalho*. 17. ed. São Paulo: Saraiva Educação, 2019. p. 1721.

[36] DIDIER JR., Fredie; CUNHA, Leonardo Carneiro da. *Curso de direito processual civil:* meios de impugnação às decisões judiciais e processo nos tribunais. Vol. 3. 16. ed. rev., atual. e ampl. Salvador, Editora Juspodivm, 2019.

ou fraude, bem como outras hipóteses previstas no CPC. Nas palavras de Pontes de Miranda[37]:

> Na ação rescisória há *julgamento de julgamento*. É, pois, processo sobre outro processo. Nela, e por ela, não se examina o direito de alguém, mas a *sentença passada em julgado*, a prestação jurisdicional, não apenas *apresentada* (seria recurso), mas já *entregue*. (grifos no original)

A ação rescisória pode, ainda, buscar novo julgamento para o mérito da ação originária, tendo, neste caso, a mesma natureza jurídica da ação original[38]. Destarte, tem-se o juízo rescindente, que se utiliza da técnica desconstitutiva para alcançar a tutela de desfazimento do vício, e o juízo rescisório, que pode se revestir das diversas técnicas processuais para alcançar qualquer tipo tutela[39]. Portanto, a ação rescisória pode desconstituir a coisa julgada material e, em alguns casos, provocar novo julgamento de mérito, quanto à matéria originalmente levada à apreciação judicial[40]. Para Cássio Scarpinella Bueno[41]:

---

[37] PONTES DE MIRANDA, Francisco Cavalcanti; NERY JUNIOR, Nelson; ABBOUD, Georges. *Tratado da ação rescisória:* das sentenças e de outras decisões. São Paulo: Revista dos Tribunais, 2016. p. 177-178.

[38] DIDIER JR.; Fredie; CUNHA, Leonardo Carneiro da. *Curso de direito processual civil*: meios de impugnação às decisões judiciais e processo nos tribunais. Vol. 3. 16. ed. rev., atual. e ampl. Salvador, Editora Juspodivm, 2019.

[39] MARINONI, Luiz Guilherme; MITIDIERO, Daniel. *Ação rescisória:* do juízo rescindente ao juízo rescisório. São Paulo: Revista dos Tribunais, 2017. p. 91.

[40] CÂMARA, Alexandre Freitas. *O Novo Processo Civil Brasileiro*. 5. ed. São Paulo: Atlas, 2019.

[41] BUENO, Cassio Scarpinella. *Curso sistematizado de direito processual civil*: procedimento comum, processos nos Tribunais e recursos. Vol. 2. 8. ed. São Paulo: Saraiva Educação, 2019.

> [...] o autor exercerá o seu direito fundamental de provocar o Estado-juiz para obter tutela jurisdicional consistente, primeiro, na remoção de coisa julgada já formada, nos casos admitidos pelo sistema processual civil, e, se for o caso, na obtenção de um novo julgamento sobre o conflito de interesses de direito material que passa a poder ser reexaminado justamente porque não mais imunizado pelo trânsito em julgado.

A ação rescisória encontra-se positivada no ordenamento jurídico pátrio nos artigos da Constituição que tratam das competências originária de tribunais. São eles: art. 102, I, *j* (STF)[42]; art. 105, I, *e* (STJ)[43]; e art. 108, I, *b* (TRFs)[44]. Outrossim, seu regramento detalhado está em capítulo específico no CPC, do art. 966 ao art. 975, os quais são aplicáveis subsidiariamente ao processo do trabalho por força do art. 769 da CLT[45], bem como da Instrução Normativa nº 39 do TST (art. 3º, XXVI[46]), que regulamentou a aplicação do CPC de 2015 ao processo do trabalho. Finalmente, no Direito Processual do Trabalho, a ação rescisória está prevista no art. 836 da CLT[47].

---

[42] "Art. 102. Compete ao Supremo Tribunal Federal, precipuamente, a guarda da Constituição, cabendo-lhe: [...] I - processar e julgar, originariamente: [...] j) a revisão criminal e a ação rescisória de seus julgados;"

[43] "Art. 105. Compete ao Superior Tribunal de Justiça: [...] I - processar e julgar, originariamente: [...] e) as revisões criminais e as ações rescisórias de seus julgados;"

[44] "Art. 108. Compete aos Tribunais Regionais Federais: [...] I - processar e julgar, originariamente: [...] b) as revisões criminais e as ações rescisórias de julgados seus ou dos juízes federais da região;"

[45] "Art. 769 Nos casos omissos, o direito processual comum será fonte subsidiária do direito processual do trabalho, exceto naquilo em que for incompatível com as normas deste Título'.

[46] "Art. 3° Sem prejuízo de outros, aplicam-se ao Processo do Trabalho, em face de omissão e compatibilidade, os preceitos do Código de Processo Civil que regulam os seguintes temas: [...] XXVI - arts. 966 a 975 (ação rescisória);"

[47] "Art. 836. É vedado aos órgãos da Justiça do Trabalho conhecer de questões já decididas, excetuados os casos expressamente previstos neste Título e a ação rescisória, que será admitida na

Em síntese, pretendeu-se neste primeiro tópico estabelecer as bases jurídico-teóricas para compreensão do objeto de estudo. Historicamente, a desconstituição de uma decisão judicial eivada de vícios remonta ao Direito Romano, e vem evoluindo e ganhando novas feições ao longo dos séculos. A ação rescisória é uma exceção à imutabilidade das decisões judiciais transitadas em julgado, que tem por finalidade desconstituir a coisa julgada material, e, em alguns casos, obter um novo pronunciamento sobre o direito material em disputa. Por ser a coisa julgada um dos direitos fundamentais atribuídos pelo sistema normativo pátrio aos cidadãos (art. 5º, Inc. XXXVI, CRFB/1988), seu manejo é bastante controlado e, formalmente, lhe são impostos alguns pressupostos de admissibilidade.

---

forma do disposto no Capítulo IV do Título IX da Lei no 5.869, de 11 de janeiro de 1973 – Código de Processo Civil, sujeita ao depósito prévio de 20% (vinte por cento) do valor da causa, salvo prova de miserabilidade jurídica do autor. Parágrafo único. A execução da decisão proferida em ação rescisória far-se-á nos próprios autos da ação que lhe deu origem, e será instruída com o acórdão da rescisória e a respectiva certidão de trânsito em julgado".

PRESSUPOSTOS DE ADMISSIBILIDADE

Para a propositura da ação rescisória é necessária a ocorrência concomitante de dois pressupostos processuais, a saber: que a decisão tenha passado em julgado e que seja uma decisão de mérito, ou pelo menos equivalente a uma decisão de mérito.

A Súmula nº 298 do TST refere o que seria um terceiro pressuposto de admissibilidade em seus itens I e II[48]: o *prequestionamento* para as ações fundadas no inciso V do art. 966 (violação manifesta de norma jurídica). Destarte, entende o TST que a matéria ventilada na

[48] "Ação Rescisória. Violação à Disposição de Lei. Pronunciamento Explícito
I - A conclusão acerca da ocorrência de violação literal a disposição de lei pressupõe pronunciamento explícito, na sentença rescindenda, sobre a matéria veiculada. II - O pronunciamento explícito exigido em ação rescisória diz respeito à matéria e ao enfoque específico da tese debatida na ação, e não, necessariamente, ao dispositivo legal tido por violado. Basta que o conteúdo da norma reputada violada haja sido abordado na decisão rescindenda para que se considere preenchido o pressuposto. [...]"

ação rescisória deve ter sido objeto de pronunciamento explícito na decisão rescindenda.

Parte da doutrina discorda desse entendimento, defendendo que tal requisito se aplica apenas aos recursos de índole extraordinária, nos quais é necessário um pronunciamento prévio sobre a matéria, para que os tribunais superiores possam unificar o direito. Ademais, por se tratar de recursos cujo juízo é apenas de direito, imprescindível que os fatos tenham sido debatidos anteriormente. Considerando-se que a ação rescisória é uma ação autônoma, que institui nova relação processual, as particularidades acima mencionadas não se aplicariam, pois os fatos poderiam ser analisados pelo juízo rescindente[49].

Para o presente estudo, serão detalhados os pressupostos mais aceitos doutrinariamente, quais sejam: o trânsito em julgado e a decisão de mérito.

2.1 Trânsito em julgado

O primeiro pressuposto para ajuizamento da ação rescisória é a ocorrência de trânsito em julgado da decisão, quer dizer, que não caibam mais recursos ou que haja transcorrido o prazo recursal sem que as partes tenham recorrido[50]. *"Cuida-se de um pressuposto processual de formação válida do processo, porque sem a demonstração segura de que a decisão passou em julgado, não há que se cogitar em sua desconstituição."*[51] A partir do trânsito em julgado nasce o direito

---

[49] TEIXEIRA FILHO, Manoel Antonio. *Ação Rescisória no processo do trabalho*. 5. ed. São Paulo: LTr, 2017.

[50] CORREIA, Henrique; MIESSA, Élisson. *Súmulas, OJs do TST e recursos repetitivos*. 9. ed. rev., atual. e ampl. São Paulo: Editora Juspodivm, 2021.

[51] SILVA, Homero Batista Mateus da. *Curso de Direito do Trabalho aplicado*: processo do trabalho. 3. ed. rev., atual. e ampl. São Paulo: Revista dos Tribunais, 2017. Coleção Curso de Direito do Trabalho Aplicado, Vol. 9. p. 321.

à rescisão[52]. No entendimento de Tereza Arruda Alvim e Maria Lúcia Lins Conceição[53]:

> O trânsito em julgado diz respeito ao aspecto cronológico, ao momento em que, do pronunciamento judicial que tem seu conteúdo encartável nas hipóteses dos arts. 485 ou 487 do CPC/15, já não caiba nenhum recurso, nem seja caso de reexame necessário. Desse fato, decorre uma consequência, que é a imunização do pronunciamento judicial a qualquer questionamento futuro.

O TST, nos termos do item II da Súmula nº 100 – que será detalhada no tópico acerca do prazo da ação rescisória – adota a tese da coisa julgada progressiva e do trânsito em julgado parcial. Deste modo, o trânsito em julgado acontece quando a decisão integral, um capítulo da decisão, um pedido ou uma parte do pedido se torna inatacável por recurso[54].

A Súmula nº 514 do Supremo Tribunal Federal (STF) estabelece: *"Admite-se ação rescisória contra sentença transitada em julgado, ainda que contra ela não se tenham esgotado todos os recursos"*. Destarte, para a propositura da ação rescisória não é necessário o esgotamento do todas as instâncias recursais, tampouco importa

---

[52] DIDIER JR., Fredie; CUNHA, Leonardo Carneiro da. *Curso de direito processual civil*: meios de impugnação às decisões judiciais e processo nos tribunais. Vol. 3. 16. ed. rev., atual. e ampl. Salvador, Editora Juspodivm, 2019.

[53] ALVIM, Teresa Arruda; CONCEIÇÃO, Maria Lúcia Lins. *Ação rescisória e querela nullitatis*: semelhanças e diferenças. 2. ed. São Paulo: Thomson Reuters Brasil, 2020. *E-book*

[54] MARINONI, Luiz Guilherme; MITIDIERO, Daniel. *Ação rescisória*: do juízo rescindente ao juízo rescisório. São Paulo: Revista dos Tribunais, 2017.

o motivo do trânsito em julgado (se porque findaram os recursos cabíveis ou porque a parte não recorreu)[55].

Ainda, de acordo com item I da Súmula nº 299 do TST[56] e do art. 320 do CPC[57], é imprescindível a apresentação da certidão de trânsito em julgado da decisão que se pretende rescindir com a petição inicial da ação rescisória. Não há possibilidade, no ordenamento jurídico brasileiro, de ajuizamento de ação rescisória preventiva, conforme estatui o item III da Súmula nº 299 do TST, ou seja, não é possível ajuizar a ação rescisória antes de haver o trânsito em julgado na ação rescindenda.

2.2 Decisão de mérito

De regra, a decisão rescindível deve ser de mérito, nos termos do *caput* do art. 966 do CPC. No entanto, é possível a rescisão de decisão destituída de mérito, desde que esta impeça nova propositura da demanda ou admissibilidade de recurso correspondente, conforme

---

[55] DIDIER JR., Fredie; CUNHA, Leonardo Carneiro da. *Curso de direito processual civil*: meios de impugnação às decisões judiciais e processo nos tribunais. Vol. 3. 16. ed. rev., atual. e ampl. Salvador, Editora Juspodivm, 2019.

[56] "Ação Rescisória. Decisão Rescindenda. Trânsito em Julgado. Comprovação. Efeitos. I - É indispensável ao processamento da ação rescisória a prova do trânsito em julgado da decisão rescindenda. II - Verificando o relator que a parte interessada não juntou à inicial o documento comprobatório, abrirá prazo de 15 (quinze) dias para que o faça (art. 321 do CPC de 2015), sob pena de indeferimento. III - A comprovação do trânsito em julgado da decisão rescindenda é pressuposto processual indispensável ao tempo do ajuizamento da ação rescisória. Eventual trânsito em julgado posterior ao ajuizamento da ação rescisória não reabilita a ação proposta, na medida em que o ordenamento jurídico não contempla a ação rescisória preventiva. IV - O pretenso vício de intimação, posterior à decisão que se pretende rescindir, se efetivamente ocorrido, não permite a formação da coisa julgada material. Assim, a ação rescisória deve ser julgada extinta, sem julgamento do mérito, por carência de ação, por inexistir decisão transitada em julgado a ser rescindida."

[57] "Art. 320. A petição inicial será instruída com os documentos indispensáveis à propositura da ação."

estabelecem os incisos I e II do § 2º do art. 966 do CPC[58]. Em suma, as decisões rescindíveis *"podem ser definitivas ou terminativas impeditivas, sobre questões principais ou questões prejudiciais e sobre a decisão como um todo ou apenas sobre um ou alguns de seus capítulos".*[59]

A adoção do vocábulo "decisões" foi uma inovação trazida pelo CPC de 2015, uma vez que o Código anterior utilizava a palavra "sentenças" (art. 485, *caput*, do CPC/1973[60]). Tal alteração incutiu mais exatidão ao texto legal, considerando-se que o termo "decisões" engloba as sentenças, os acórdãos e as decisões interlocutórias (de mérito)[61].

A decisão definitiva é aquela que decide o mérito (art. 503, caput, do CPC[62]), não importando se é interlocutória, sentença, acórdão ou decisão monocrática do relator[63]. Em outras palavras, a forma da decisão (interlocutória, sentença etc.) é irrelevante para configurar o *status* de definitiva, sendo indispensável para tanto o conteúdo (mérito) e o trânsito em julgado.

Em caso de decisão parcial de mérito, isto é, quando o juiz decide uma parcela do(s) pedido(s), a contagem do prazo para propositura da ação rescisória inicia do trânsito em julgado parcial, ainda que

---

[58] "Art. 966. A decisão de mérito, transitada em julgado, pode ser rescindida quando: [...] § 2º Nas hipóteses previstas nos incisos do caput, será rescindível a decisão transitada em julgado que, embora não seja de mérito, impeça: I - nova propositura da demanda; ou II - admissibilidade do recurso correspondente."

[59] MARINONI, Luiz Guilherme; MITIDIERO, Daniel. *Ação rescisória*: do juízo rescindente ao juízo rescisório. São Paulo: Revista dos Tribunais, 2017. p. 91

[60] "Art. 485. A sentença de mérito, transitada em julgado, pode ser rescindida quando: [...]"

[61] TEIXEIRA FILHO, Manoel Antonio. *Ação Rescisória no processo do trabalho*. 5. ed. São Paulo: LTr, 2017.

[62] "Art. 503. A decisão que julgar total ou parcialmente o mérito tem força de lei nos limites da questão principal expressamente decidida."

[63] MARINONI, Luiz Guilherme; MITIDIERO, Daniel. *Ação rescisória:* do juízo rescindente ao juízo rescisório. São Paulo: Revista dos Tribunais, 2017.

o processo siga com relação às demais parcelas. Sobre esse tema, Homero Batista Mateus da Silva[64] conclui que:

> [...] à luz do atual Código de Processo Civil, para cada coisa julgada material formada de maneira parcelada ao longo do processo existe um prazo individualizado para a propositura da ação rescisória. Assim, passa a ser possível o manejo de ações rescisórias diversas, em momentos distintos e tribunais diferentes em face das várias coisas julgadas que podem ser formadas dentro de um mesmo processo.

De outra parte, a decisão terminativa é aquela que, apesar de não julgar o mérito, põe fim ao processo, impedindo novo debate acerca do mérito[65]. No caso da ação rescisória, a decisão desprovida de mérito que impede a propositura de nova ação se relaciona com as hipóteses mencionadas no art. 486, § 1º do CPC[66]: litispendência; indeferimento da petição inicial; ausência de pressupostos de constituição e de desenvolvimento válido e regular do processo; ausência de legitimidade ou de interesse processual; acolhimento da alegação de existência de convenção de arbitragem ou quando o juiz arbitral reconhecer sua competência. Da mesma forma, as decisões

---

[64] SILVA, Homero Batista Mateus da; ROCHA, Fábio Ribeiro da. Aspectos polêmicos da ação rescisória no processo do trabalho. *Revista LTr*: Legislação do Trabalho. São Paulo, v. 84, n. 09, p. 1064-1077, set. 2020.

[65] CAVALCANTE, Jouberto de Quadros Pessoa; JORGE NETO, Francisco Ferreira. A ação rescisória no NCPC e no entendimento jurisprudencial do TST. *Revista eletrônica [do] Tribunal Regional do Trabalho da 9ª Região*, Curitiba, v. 7, n. 69, p. 41-63, jun. 2018. Disponível em: https://juslaboris.tst.jus.br/bitstream/handle/20.500.12178/142137/2018_cavalcante_jouberto_acao_rescisoria.pdf?sequence=1&isAllowed=y. Acesso em 02 out. 2021.

[66] "Art. 486. O pronunciamento judicial que não resolve o mérito não obsta a que a parte proponha de novo a ação. § 1º No caso de extinção em razão de litispendência e nos casos dos incisos I, IV, VI e VII do art. 485, a propositura da nova ação depende da correção do vício que levou à sentença sem resolução do mérito."

que obstam a admissibilidade do recurso correspondente são aquelas que não conhecem do recurso, como no caso de intempestividade ou de deserção, entre outras hipóteses[67].

Com relação ao pressuposto da decisão de mérito, o TST tem uma Súmula (nº 412[68]) e uma Orientação Jurisprudencial (nº 150[69]), ambas relativas ao CPC de 1973. Diante disso, opta-se por apenas mencioná-las, sem adentrar nos seus detalhes.

---

[67] CAVALCANTE, Jouberto de Quadros Pessoa; JORGE NETO, Francisco Ferreira. A ação rescisória no NCPC e no entendimento jurisprudencial do TST. *Revista eletrônica [do] Tribunal Regional do Trabalho da 9ª Região*, Curitiba, v. 7, n. 69, p. 41-63, jun. 2018. Disponível em: https://juslaboris.tst.jus.br/bitstream/handle/20.500.12178/142137/2018_cavalcante_jouberto_acao_rescisoria.pdf?sequence=1&isAllowed=y. Acesso em 02 out. 2021.

[68] "Ação Rescisória. Regência pelo CPC de 1973. Sentença de Mérito. Questão Processual. Sob a égide do CPC de 1973, pode uma questão processual ser objeto de rescisão desde que consista em pressuposto de validade de uma sentença de mérito".

[69] "Ação Rescisória. Regência pelo CPC de 1973. Decisão Rescindenda que Extingue o Processo sem Resolução de Mérito por Acolhimento de Coisa Julgada. Conteúdo Meramente Processual. Impossibilidade Jurídica do Pedido. Reputa-se juridicamente impossível o pedido de corte rescisório de decisão que, reconhecendo a existência de coisa julgada, nos termos do art. 267, V, do CPC de 1973, extingue o processo sem resolução de mérito, o que, ante o seu conteúdo meramente processual, a torna insuscetível de produzir a coisa julgada material."

HIPÓTESES DE CABIMENTO (CAUSAS DE RESCINDIBILIDADE)

As hipóteses de cabimento de ação rescisória estão elencadas taxativamente no art. 966 do CPC, que, como já mencionado, é aplicável subsidiariamente ao processo do trabalho por força do art. 769 da CLT. Não cabe aplicação analógica nem ampliativa do rol, tendo em vista a excepcionalidade da ação rescisória diante dos princípios constitucionais da coisa julgada e da segurança jurídica. São oito as hipóteses de cabimento de ação rescisória arroladas nos incisos do art. 966 do CPC[70], que serão subsequentemente analisadas em particular.

[70] "Art. 966. A decisão de mérito, transitada em julgado, pode ser rescindida quando: I - se verificar que foi proferida por força de prevaricação, concussão ou corrupção do juiz; II - for proferida por juiz impedido ou por juízo absolutamente incompetente; III - resultar de dolo ou coação da parte vencedora em detrimento da parte vencida ou, ainda, de simulação ou colusão entre as partes, a fim de fraudar a lei; IV - ofender a coisa julgada; V - violar manifestamente norma jurídica; VI - for fundada em prova cuja falsidade tenha sido apurada em processo criminal ou venha a ser demonstrada na própria ação rescisória; VII - obtiver o autor, posteriormente ao trânsito em julgado, prova nova cuja existência ignorava ou de que não pôde fazer uso, capaz, por si só, de lhe assegurar pronunciamento favorável; VIII - for fundada em erro de fato verificável do exame dos autos".

3.1 Prevaricação, concussão ou corrupção do juiz

A primeira causa de rescindibilidade listada no art. 966, I, do CPC está relacionada com a pessoa do juiz da ação rescindenda. Trata-se da hipótese de haver prevaricação, concussão ou corrupção por parte do julgador. Tais condutas estão definidas nos artigos 319, 316 e 317 do Código Penal, respectivamente, integrando o Capítulo I (dos crimes praticados por funcionário público contra a Administração em geral) do Título XI (dos crimes contra a Administração Pública).

Para Manoel Antonio Teixeira Filho[71], a utilização, tanto pelo legislador de 1973 quanto de 2015, de vocábulos que tipificam crimes foi intencional, com o propósito de atrelá-los aos conceitos do Código Penal e evitar interpretações ampliativas. Luiz Guilherme Marinoni e Daniel Mitidiero[72] corroboram essa interpretação, afirmando que *"[...] não é correto pensar que se possa buscar em outro lugar, que não nos respectivos artigos do Código Penal, elementos para configurar os seus respectivos conceitos."* Pontes de Miranda[73], por outro lado, entende que as definições do Código Penal não bastam para a conceituação das condutas, podendo o intérprete desvincular-se delas.

A prevaricação, segundo o art. 319 do Código Penal (CP), constitui-se em *"Retardar ou deixar de praticar, indevidamente, ato de ofício, ou praticá-lo contra disposição expressa de lei, para satisfazer interesse ou sentimento pessoal"*. Do texto legal é possível extrair três requisitos para configuração do delito, quais sejam:

---

[71] TEIXEIRA FILHO, Manoel Antonio. *Ação rescisória no processo do trabalho*. 5. ed. São Paulo: LTr, 2017.

[72] MARINONI, Luiz Guilherme; MITIDIERO, Daniel. *Ação rescisória*: do juízo rescindente ao juízo rescisório. São Paulo: Revista dos tribunais, 2017. p. 123

[73] PONTES DE MIRANDA, Francisco Cavalcanti; NERY JUNIOR, Nelson; ABBOUD, Georges. *Tratado da ação rescisória*: das sentenças e de outras decisões. São Paulo: Revista dos Tribunais, 2016.

1. qualidade do agente (funcionário público);
2. motivo pessoal (dolo específico);
3. prática de ato de ofício:
   a. contrário à lei
   b. com retardamento ou omissão injustificada[74].

A segunda conduta elencada no art. 966, I, do CPC é a corrupção, cuja tipificação encontra-se no art. 317 do CP, *in verbis*: *"Solicitar ou receber, para si ou para outrem, direta ou indiretamente, ainda que fora da função ou antes de assumi-la, mas em razão dela, vantagem indevida, ou aceitar promessa de tal vantagem"*. Por fim, *"Exigir, para si ou para outrem, direta ou indiretamente, ainda que fora da função ou antes de assumi-la, mas em razão dela, vantagem indevida"* é a definição de concussão expressa no art. 316 do CP.

A redação do artigo 966 do CPC refere o vocábulo "juiz"; no entanto, a interpretação aceita pela doutrina é a de que se aplica a qualquer magistrado, seja juiz singular, seja integrante de órgão colegiado[75]. Ademais, no que tange às decisões colegiadas, basta que um dos julgadores tenha praticado a conduta ilícita para que a decisão possa ser rescindida, sendo irrelevante o teor do voto (vencido ou vencedor). *"É que a decisão colegiada não pode ser cindida para efeito de se expurgar a corrupção de um dos julgadores."*[76]

Em todos os casos (prevaricação, concussão ou corrupção) não é imprescindível a condenação penal para que a decisão possa ser rescindida. Neste caso, não haverá efeitos penais, mas tão somente

---

74 TEIXEIRA FILHO, Manoel Antonio. *Ação rescisória no processo do trabalho*. 5. ed. São Paulo: LTr, 2017.

75 MARINONI, Luiz Guilherme; MITIDIERO, Daniel. *Ação rescisória*: do juízo rescindente ao juízo rescisório. São Paulo: Revista dos Tribunais, 2017.

76 MARINONI, Luiz Guilherme; MITIDIERO, Daniel. *Ação rescisória:* do juízo rescindente ao juízo rescisório. São Paulo: Revista dos Tribunais, 2017. p. 123.

a rescisão da decisão viciada. O Tribunal deverá remeter os autos ao Ministério Público, conforme preceitua o art. 40 do Código de Processo Penal[77]. Entretanto, em havendo condenação no âmbito penal, o Tribunal que julgará a ação rescisória ficará vinculado pela decisão condenatória da justiça criminal, não podendo negar que houve ilícito penal[78].

3.2 Impedimento do juiz ou incompetência absoluta do juízo

O inciso II do art. 966 do CPC abrange duas hipóteses de cabimento de ação rescisória, explicitando a distinção entre elas: o impedimento refere-se à pessoa do juiz, enquanto a incompetência absoluta está relacionada ao juízo.

O impedimento caracteriza-se por ser um vício relativo ao sujeito julgador, cujas circunstâncias ensejadoras estão arroladas no art. 144 do CPC[79], em rol não exaustivo[80]. Destacam-se, como principais

---

[77] "Art. 40. Quando, em autos ou papéis de que conhecerem, os juízes ou tribunais verificarem a existência de crime de ação pública, remeterão ao Ministério Público as cópias e os documentos necessários ao oferecimento da denúncia."

[78] CÂMARA, Alexandre Freitas. *O Novo Processo Civil Brasileiro*. 5. ed. São Paulo: Atlas, 2019. p. 617.

[79] "Art. 144. Há impedimento do juiz, sendo-lhe vedado exercer suas funções no processo: I - em que interveio como mandatário da parte, oficiou como perito, funcionou como membro do Ministério Público ou prestou depoimento como testemunha; II - de que conheceu em outro grau de jurisdição, tendo proferido decisão; III - quando nele estiver postulando, como defensor público, advogado ou membro do Ministério Público, seu cônjuge ou companheiro, ou qualquer parente, consanguíneo ou afim, em linha reta ou colateral, até o terceiro grau, inclusive; IV - quando for parte no processo ele próprio, seu cônjuge ou companheiro, ou parente, consanguíneo ou afim, em linha reta ou colateral, até o terceiro grau, inclusive; V - quando for sócio ou membro de direção ou de administração de pessoa jurídica parte no processo; VI - quando for herdeiro presuntivo, donatário ou empregador de qualquer das partes; VII - em que figure como parte instituição de ensino com a qual tenha relação de emprego ou decorrente de contrato de prestação de serviços; VIII - em que figure como parte cliente do escritório de advocacia de seu cônjuge, companheiro ou parente, consanguíneo ou afim, em linha reta ou colateral, até o terceiro grau, inclusive, mesmo que patrocinado por advogado de outro escritório; IX - quando promover ação contra a parte ou seu advogado."

[80] TEIXEIRA FILHO, Manoel Antonio. *Ação rescisória no processo do trabalho*. 5. ed. São Paulo: LTr, 2017.

exemplos, os seguintes contextos: se o juiz for parte no processo, ou tiver relação de parentesco ou casamento com uma das partes ou com o advogado da parte; se o juiz houver atuado no mesmo processo em outro grau de jurisdição; e, ainda, se o juiz for empregador de uma das partes. O impedimento trata, sobretudo, de um dever de abstenção do juiz; porém, também pode ser invocado pelas partes por meio da exceção de impedimento.

Diferentemente da suspeição, que se funda em causas subjetivas, como a inimizade, o impedimento se apoia em causas objetivas[81]. Ressalta-se, assim, que apenas o impedimento tem o condão de ser fundamento jurídico para o ajuizamento ação rescisória, pois tem presunção absoluta, enquanto a suspeição é uma nulidade relativa, sujeita à preclusão[82].

Da mesma forma que mencionado no item 3.1 supra, no caso de julgamento por colegiado, basta que um dos julgadores esteja impedido quando proferida a decisão para que esta seja contaminada em seu todo, tornando-se rescindível[83].

No que tange à segunda parte do inciso II do art. 966 do CPC, que trata da incompetência absoluta, relevante retomar, ainda que superficialmente, algumas noções gerais sobre competência do juízo. Como é cediço, a incompetência pode ser absoluta (em razão da

---

[81] SILVA, Homero Batista Mateus da. *Curso de direito do trabalho aplicado*: processo do trabalho. Vol. 9. 3. ed. rev, atual. e ampl. São Paulo: Revista dos Tribunais, 2017.

[82] ARAÚJO, Francisco Rossal de. A ação rescisória no processo do trabalho e o novo CPC. *Revista eletrônica [do] Tribunal Regional do Trabalho da 9ª Região*, Curitiba, v. 7, n. 69, p. 13-37, jun. 2018. Disponível em: https://juslaboris.tst.jus.br/bitstream/handle/20.500.12178/125110/2018_araujo_francisco_acao_rescisoria.pdf?sequence=1&isAllowed=y. Acesso em 02 out. 2021.

[83] MARINONI, Luiz Guilherme; MITIDIERO, Daniel. *Ação Rescisória: do juízo rescindente ao juízo rescisório*. São Paulo: Revista dos Tribunais, 2017.

matéria, da pessoa ou da função) ou relativa (em razão do território ou do valor).

A incompetência relativa pode ser prorrogada, ou seja, se não alegada a tempo, o direito preclui e prorroga-se a competência ao juízo que recebeu a demanda. Já a incompetência absoluta é matéria de ordem pública e, portanto, não admite prorrogação. Pode ser alegada a qualquer tempo e em qualquer grau de jurisdição, devendo, inclusive, ser declarada de ofício[84].

Ao transitar em julgado uma decisão de mérito proferida por juízo absolutamente incompetente, cabe ação rescisória, ainda que a incompetência não tenha sido alegada ou discutida no processo rescindendo[85]. Digno de nota que, na Justiça do Trabalho, por força da OJ nº 124 da SBDI-II do TST[86], não há necessidade de prequestionamento da incompetência absoluta.

3.3 Dolo ou coação da parte vencedora. Simulação ou colusão entre as partes para fraudar a lei

O inciso III do art. 966 do CPC pode ser dividido em duas partes: a primeira trata do dolo ou coação da parte vencedora, ou seja, quando apenas uma das partes age de má-fé; e a segunda cuida da simulação ou colusão entre as partes, isto é, envolve a participação das duas partes do processo no intento de burlar a lei. Em ambos os casos, a atitude de má-

---

[84] "Art. 64, § 1º, CPC: A incompetência, absoluta ou relativa, será alegada como questão preliminar de contestação. § 1º A incompetência absoluta pode ser alegada em qualquer tempo e grau de jurisdição e deve ser declarada de ofício".

[85] MARINONI, Luiz Guilherme; MITIDIERO, Daniel. *Ação Rescisória: do juízo rescindente ao juízo rescisório*. São Paulo: Revista dos Tribunais, 2017.

[86] "Ação rescisória. Art. 966, inciso II, do CPC de 2015. Art. 485, II, do CPC de 1973. Arguição de Incompetência Absoluta. Prequestionamento Inexigível. Na hipótese em que a ação rescisória tem como causa de rescindibilidade o inciso II do art. 966 do CPC de 2015 (inciso II do art. 485 do CPC de 1973), a arguição de incompetência absoluta prescinde de prequestionamento."

fé deve ser decisiva para o resultado do processo, ou seja, *"é necessário o nexo de causalidade entre o dolo e o pronunciamento judicial"*[87].

Aqui cabe uma breve intervenção para elucidar a boa-fé objetiva, que é um princípio norteador do processo, nos termos do art. 5º do CPC[88], de aplicação subsidiária ao processo juslaboral. *"A boa-fé objetiva é uma norma de conduta: impõe e proíbe condutas, além de criar situações jurídicas ativas e passivas."*[89] Pode-se falar, ademais, em um dever geral de boa-fé processual derivado do devido processo legal, já que este engloba deveres de ética e lealdade entre as partes[90], conforme os artigos 77[91] e 80[92], ambos do CPC.

---

[87] CORREIA, Henrique; MIESSA, Élisson. *Súmulas, OJs do TST e recursos repetitivos*. 9. ed. rev., atual. e ampl. São Paulo: Editora Juspodivm, 2021.

[88] "Art. 5º Aquele que de qualquer forma participa do processo deve comportar-se de acordo com a boa-fé."

[89] DIDIER JÚNIOR, Fredie. Princípio da boa-fé processual no Direito Processual Civil Brasileiro e seu fundamento constitucional. *Revista do Ministério Público do Rio de Janeiro*, Rio de Janeiro, n. 70, p. 179-188, out./dez. 2018. Disponível em: https://www.mprj.mp.br/documents/20184/1183784/Fredie_Didier_Jr.pdf. Acesso em: 27 nov. 2021.

[90] DIDIER JÚNIOR, Fredie. Princípio da boa-fé processual no Direito Processual Civil Brasileiro e seu fundamento constitucional. *Revista do Ministério Público do Rio de Janeiro*, Rio de Janeiro, n. 70, p. 179-188, out./dez. 2018. Disponível em: https://www.mprj.mp.br/documents/20184/1183784/Fredie_Didier_Jr.pdf. Acesso em: 27 nov. 2021.

[91] "Art. 77. Além de outros previstos neste Código, são deveres das partes, de seus procuradores e de todos aqueles que de qualquer forma participem do processo: I - expor os fatos em juízo conforme a verdade; II - não formular pretensão ou de apresentar defesa quando cientes de que são destituídas de fundamento; III - não produzir provas e não praticar atos inúteis ou desnecessários à declaração ou à defesa do direito; IV - cumprir com exatidão as decisões jurisdicionais, de natureza provisória ou final, e não criar embaraços à sua efetivação; V - declinar, no primeiro momento que lhes couber falar nos autos, o endereço residencial ou profissional onde receberão intimações, atualizando essa informação sempre que ocorrer qualquer modificação temporária ou definitiva; VI - não praticar inovação ilegal no estado de fato de bem ou direito litigioso. VII - informar e manter atualizados seus dados cadastrais perante os órgãos do Poder Judiciário e, no caso do § 6º do art. 246 deste Código, da Administração Tributária, para recebimento de citações e intimações."

[92] "Art. 80. Considera-se litigante de má-fé aquele que: I - deduzir pretensão ou defesa contra texto expresso de lei ou fato incontroverso; II - alterar a verdade dos fatos; III - usar do processo para conseguir objetivo ilegal; IV - opuser resistência injustificada ao andamento do processo; V - proceder de modo temerário em qualquer incidente ou ato do processo; VI - provocar incidente manifestamente infundado; VII - interpuser recurso com intuito manifestamente protelatório."

No dolo processual, a parte vencedora da ação que se objetiva rescindir, ou seu representante legal, age mediante má-fé[93]. O dolo processual se reflete na atuação com o intuito de prejudicar a parte contrária ou de influenciar o convencimento do juiz, por meio de, por exemplo, subtração de peças dos autos, frustração da produção de provas, rasura de documentos, ou qualquer outra forma de tentar manipular o andamento do processo[94].

No que toca à coação, trata-se de influência exercida sobre a parte, para prejudicar sua atuação, ou sobre o juiz, para induzir a decisão[95]. Aqui pouco importa a qualidade da coação, diferentemente do plano do direito material, que exige fundado temor de dano para se considerar viciada uma declaração de vontade[96].

O item I da Súmula nº 403 do TST[97] assevera entendimento quanto à parte inicial do inciso III do art. 966 do CPC, esclarecendo que o silêncio da parte vencedora quanto a fatos contrários a si não caracteriza, por si só, o dolo processual. Tal compreensão deriva

---

[93] MARINONI, Luiz Guilherme; MITIDIERO, Daniel. *Ação rescisória*: do juízo rescindente ao juízo rescisório. São Paulo: Revista dos Tribunais, 2017.

[94] TEIXEIRA FILHO, Manoel Antonio. *Ação rescisória no processo do trabalho*. 5. ed. São Paulo: LTr, 2017.

[95] MARINONI, Luiz Guilherme; MITIDIERO, Daniel. *Ação rescisória*: do juízo rescindente ao juízo rescisório. São Paulo: Revista dos Tribunais, 2017.

[96] "Art. 151, Código Civil: A coação, para viciar a declaração da vontade, há de ser tal que incuta ao paciente fundado temor de dano iminente e considerável à sua pessoa, à sua família, ou aos seus bens."

[97] "Ação Rescisória. Dolo da Parte Vencedora em Detrimento da Vencida. Art. 485, III, do CPC. I - Não caracteriza dolo processual, previsto no art. 485, III, do CPC, o simples fato de a parte vencedora haver silenciado a respeito de fatos contrários a ela, porque o procedimento, por si só, não constitui ardil do qual resulte cerceamento de defesa e, em consequência, desvie o juiz de uma sentença não-condizente com a verdade. II - Se a decisão rescindenda é homologatória de acordo, não há parte vencedora ou vencida, razão pela qual não é possível a sua desconstituição calcada no inciso III do art. 485 do CPC (dolo da parte vencedora em detrimento da vencida), pois constitui fundamento de rescindibilidade que supõe solução jurisdicional para a lide."

do fato de que o silêncio pode ser uma técnica de defesa, e não necessariamente uma atuação com dolo processual[98].

Ainda, o item II da mesma súmula apresenta a posição de que não cabe fundamentar a rescisória no art. 966, III, do CPC em caso de decisão de homologação de acordo, pois não há parte vencedora.

A segunda parte do inciso III do art. 966 aborda a colusão ou a simulação entre as partes. Nesse caso, não é apenas um dos lados da lide que tem conduta fora do esperado, mas as duas partes, situação que engloba a colusão processual expressa no art. 142 do CPC[99], à qual se soma a simulação, em inovação trazida pelo CPC de 2015. De acordo com Luiz Guilherme Marinoni e Daniel Mitidiero[100]:

> Desejou-se acrescentar o processo simulado, ao lado do fraudulento, enquanto fundamento para a rescisão da decisão. A colusão entre as partes é essencial tanto no processo fraudulento quanto no simulado. A diferença não está entre colusão e simulação, mas entre processo fraudulento e processo simulado. Há simulação quando as partes vão a juízo e apresentam um litígio aparente, que não existe, a fim de conferir ou transmitir direitos simuladamente; age com fraude à lei quem frustra a aplicação da lei e, assim, afasta sua incidência ou obtém aquilo que ela proíbe.

---

[98] CORREIA, Henrique; MIESSA, Élisson. *Súmulas, OJs do TST e recursos repetitivos*. 9. ed. rev., atual. e ampl. São Paulo: Editora Juspodivm, 2021.

[99] "Art. 142. Convencendo-se, pelas circunstâncias, de que autor e réu se serviram do processo para praticar ato simulado ou conseguir fim vedado por lei, o juiz proferirá decisão que impeça os objetivos das partes, aplicando, de ofício, as penalidades da litigância de má-fé."

[100] MARINONI, Luiz Guilherme; MITIDIERO, Daniel. *Ação rescisória*: do juízo rescindente ao juízo rescisório. São Paulo: Revista dos Tribunais, 2017. p. 139.

No que se refere a essa hipótese de cabimento da ação rescisória, há legitimidade ativa do Ministério Público do Trabalho para sua propositura, pois trata-se de tentativa de fraude da ordem jurídica[101]. Destarte, estatui o item VI da Súmula nº 100 do TST que *"[...] na hipótese de colusão das partes, o prazo decadencial da ação rescisória somente começa a fluir para o Ministério Público, que não interveio no processo principal, a partir do momento em que tem ciência da fraude"*.

Destaca-se, ainda, a OJ nº 94 da SBDI-II[102], do TST, segundo a qual cabe ação rescisória, com fundamento em colusão, no caso de reclamação trabalhista em que houve simulação do litígio para fraudar a lei e prejudicar terceiros, devendo o processo simulado ser extinto no juízo rescisório.

Por fim, menciona-se a OJ nº 158 da SBDI-II[103], também do TST, que estabelece o não cabimento da aplicação da multa por litigância de má-fé em caso de nulidade da decisão que homologa acordo, fundamentada na colusão entre as partes, pois considera-se que a declaração de nulidade seja sanção suficiente.

3.4 Ofensa à coisa julgada

A decisão judicial que ofende a coisa julgada pode ser rescindida, como prescreve o inciso IV do art. 966 do CPC. Conforme referido

---

[101] SANTOS, Enoque Ribeiro dos; HAJEL FILHO, Ricardo Antonio Bittar. *Curso de Direito Processual do Trabalho*. 4. ed. São Paulo: Atlas, 2020.

[102] "Ação Rescisória. Colusão. Fraude à Lei. Reclamatória Simulada Extinta. A decisão ou acordo judicial subjacente à reclamação trabalhista, cuja tramitação deixa nítida a simulação do litígio para fraudar a lei e prejudicar terceiros, enseja ação rescisória, com lastro em colusão. No juízo rescisório, o processo simulado deve ser extinto."

[103] "Ação Rescisória. Declaração de Nulidade de Decisão Homologatória de Acordo em Razão de Colusão (Art. 485, III, Do CPC). Multa por Litigância de Má-Fé. Impossibilidade. A declaração de nulidade de decisão homologatória de acordo, em razão da colusão entre as partes (art. 485, III, do CPC), é sanção suficiente em relação ao procedimento adotado, não havendo que ser aplicada a multa por litigância de má-fé."

anteriormente, a coisa julgada é uma garantia constitucional elencada no inciso XXXVI do art. 5º da CF. A título de breve recapitulação, pode ser ela formal ou material: será formal quando encerrar o processo sem resolução do mérito (art. 485 do CPC[104]), dizendo, como tal, respeito à *"[...] imutabilidade da sentença como ato processual [...]"*[105]; será material quando houver decisão acerca do mérito da ação (art. 487 do CPC[106]), hipótese na qual sua imutabilidade relaciona-se *"[...] ao seu conteúdo e aos seus efeitos"*[107].

A ofensa à coisa julgada pressupõe a existência de duas coisas julgadas: uma decorrente de um primeiro processo que transitou em julgado, e outra de um segundo processo, no qual: a) se decidiu a mesma questão do primeiro (no mesmo sentido ou em sentido contrário) ou b) se decidiu questão que dependia da decisão do primeiro processo (prejudicial). Assim, *"[a] ofensa à coisa julgada pode dar-se tanto em relação ao efeito negativo (proibição de nova*

---

[104] "Art. 485. O juiz não resolverá o mérito quando: I - indeferir a petição inicial; II - o processo ficar parado durante mais de 1 (um) ano por negligência das partes; III - por não promover os atos e as diligências que lhe incumbir, o autor abandonar a causa por mais de 30 (trinta) dias; IV - verificar a ausência de pressupostos de constituição e de desenvolvimento válido e regular do processo; V - reconhecer a existência de perempção, de litispendência ou de coisa julgada; VI - verificar ausência de legitimidade ou de interesse processual; VII - acolher a alegação de existência de convenção de arbitragem ou quando o juízo arbitral reconhecer sua competência; VIII - homologar a desistência da ação; IX - em caso de morte da parte, a ação for considerada intransmissível por disposição legal; e X - nos demais casos prescritos neste Código."

[105] NAHAS, Thereza. *Direito Processual do Trabalho*: processo de conhecimento e tutelas de urgência (antecipada e cautelar): tomo I. Rio de Janeiro: Elsevier, 2007. p. 193.

[106] "Art. 487. Haverá resolução de mérito quando o juiz: I - acolher ou rejeitar o pedido formulado na ação ou na reconvenção; II - decidir, de ofício ou a requerimento, sobre a ocorrência de decadência ou prescrição; III - homologar: a) o reconhecimento da procedência do pedido formulado na ação ou na reconvenção; b) a transação; c) a renúncia à pretensão formulada na ação ou na reconvenção."

[107] NAHAS, Thereza. *Direito Processual do Trabalho*: processo de conhecimento e tutelas de urgência (antecipada e cautelar)*: tomo I*. Rio de Janeiro: Elsevier, 2007. p. 193.

decisão) quanto ao efeito positivo (imposição de levar em consideração a coisa julgada como questão prejudicial)."[108]

Na hipótese de violação da coisa julgada quanto a seu efeito negativo, há a repetição de uma ação (idênticas partes, pedido e causa de pedir) e a prolação de nova decisão, que pode ser igual ou oposta à decisão anterior. Para a ação rescisória, pouco importa o teor da decisão rescindenda, bastando existência de coisa julgada anterior. Destarte, haverá apenas o juízo rescindendo, que desconstituirá a segunda coisa julgada[109].

Por outro lado, quanto ao efeito positivo da coisa julgada, pode haver também o juízo rescisório, para decidir a questão, desta vez observando o pressuposto estabelecido na coisa julgada anterior. "*Na verdade, é mais claro dizer que há ofensa à coisa julgada quando a decisão desconsidera a coisa julgada formada sobre um pressuposto de que dependia a afirmação ou a negação do direito na segunda ação, [...].*"[110]

No âmbito da Justiça do Trabalho, a Súmula nº 397 do TST[111] se refere à ação de cumprimento em sentença normativa. A sentença normativa é o produto do dissídio coletivo, quando o Poder Judiciário

---

[108] DIDIER JR., Fredie; CUNHA, Leonardo Carneiro da. *Curso de Direito Processual Civil: meios de impugnação às decisões judiciais e processo nos tribunais*. Vol. 3. 16. ed. rev., atual. e ampl. Salvador, Editora Juspodivm, 2019. p. 589.

[109] DIDIER JR., Fredie; CUNHA, Leonardo Carneiro da. *Curso de Direito Processual Civil*: meios de impugnação às decisões judiciais e processo nos tribunais. 16. ed. rev., atual. e ampl. Salvador, Editora Juspodivm, 2019. v.3.

[110] MARINONI, Luiz Guilherme; MITIDIERO, Daniel. *Ação Rescisória*: do juízo rescindente ao juízo rescisório. São Paulo: Revista dos Tribunais, 2017. p. 147

[111] "Ação Rescisória. Art. 966, IV, do CPC de 2015. Art. 485, IV, Do CPC de 1973. Ação de Cumprimento. Ofensa à Coisa Julgada Emanada de Sentença Normativa Modificada em Grau de Recurso. Inviabilidade. Cabimento de Mandado de Segurança. Não procede ação rescisória calcada em ofensa à coisa julgada perpetrada por decisão proferida em ação de cumprimento, em face de a sentença normativa, na qual se louvava, ter sido modificada em grau de recurso, porque em dissídio coletivo somente se consubstancia coisa julgada formal. Assim, os meios processuais aptos a atacarem a execução da cláusula reformada são a exceção de pré-executividade e o mandado de segurança, no caso de descumprimento do art. 514 do CPC de 2015 (art. 572 do CPC de 1973)."

exerce seu poder normativo (função atípica), criando normas abstratas para as partes[112].

Em caso de descumprimento das normas estabelecidas na sentença normativa, as partes podem ajuizar ação de cumprimento, que não depende do trânsito em julgado da sentença normativa (Súmula nº 246 do TST[113]), ou seja, pode haver recurso ordinário no dissídio coletivo e ação de cumprimento ao mesmo tempo. E pode acontecer de a ação de cumprimento transitar em julgado antes da sentença normativa[114].

Nessa situação, o TST não admite ação rescisória da decisão na ação de cumprimento que contraria a sentença normativa que veio a ser reformada em recurso ordinário. Portanto, é possível concluir que se houver *"[...] reforma ou anulação da sentença normativa em grau de recurso, a ação de cumprimento, mesmo depois de formada a coisa julgada, será atingida, devendo a parte invocar a modificação em exceção de pré-executividade ou mandado de segurança."*[115]

Além da súmula referida, a SBDI-II do TST editou algumas orientações jurisprudenciais no tocante ao assunto em comento. A OJ nº 101[116] trata da necessidade de fixação da tese jurídica, na ação

---

[112] CORREIA, Henrique; MIESSA, Élisson. *Súmulas, OJs do TST e recursos repetitivos*. 9. ed. rev., atual. e ampl. São Paulo: Editora Juspodivm, 2021.

[113] "Ação de Cumprimento. Trânsito em julgado da Sentença Normativa. É dispensável o trânsito em julgado da sentença normativa para a propositura da ação de cumprimento."

[114] CORREIA, Henrique; MIESSA, Élisson. *Súmulas, OJs do TST e recursos repetitivos*. 9. ed. rev., atual. e ampl. São Paulo: Editora Juspodivm, 2021.

[115] CORREIA, Henrique; MIESSA, Élisson. *Súmulas, OJs do TST e recursos repetitivos*. 9. ed. rev., atual. e ampl. São Paulo: Editora Juspodivm, 2021.

[116] "Ação Rescisória. Inciso IV do art. 966 do CPC de 2015. Art. 485, IV, do CPC de 1973. Ofensa à Coisa Julgada. Necessidade de Fixação de Tese na Decisão Rescindenda. Para viabilizar a desconstituição do julgado pela causa de rescindibilidade do inciso IV, do art. 966 do CPC de 2015 (inciso IV do art. 485 do CPC de 1973), é necessário que a decisão rescindenda tenha enfrentado

rescindenda, da matéria debatida na ação rescisória. Já a OJ nº 123[117] afirma que sendo necessária interpretação do título executivo judicial para que se conclua que houve lesão à coisa julgada, não cabe ação rescisória, pois esta pressupõe "dissonância patente entre as decisões exequenda e rescindenda".

A OJ nº 132[118] expressa o entendimento de que no acordo homologado judicialmente, em que o empregado dá plena e ampla quitação (sem ressalvas), o ajuizamento de nova reclamatória trabalhista viola a coisa julgada, pois a homologação atinge o contrato como um todo. Por fim, a OJ nº 157[119] explica que a alegação de ofensa à coisa julgada em ação rescisória só cabe quando forem relações processuais distintas. Para a mesma relação processual (fase de conhecimento e fase de execução) deve-se invocar violação manifesta de norma jurídica, com fundamento no art. 5º, XXXVI, da CF.

3.5 Violação manifesta de norma jurídica

A hipótese de violação manifesta da norma jurídica, inciso V do art. 966, tem por objeto a proteção da ordem jurídica. A utilização

---

as questões ventiladas na ação rescisória, sob pena de inviabilizar o cotejo com o título executivo judicial tido por desrespeitado, de modo a se poder concluir pela ofensa à coisa julgada."

[117] "Ação Rescisória. Interpretação do Sentido e Alcance do Título Executivo. Inexistência de Ofensa à Coisa Julgada. O acolhimento da ação rescisória calcada em ofensa à coisa julgada supõe dissonância patente entre as decisões exequenda e rescindenda, o que não se verifica quando se faz necessária a interpretação do título executivo judicial para se concluir pela lesão à coisa julgada."

[118] "Ação Rescisória. Acordo Homologado. Alcance. Ofensa à Coisa Julgada. Acordo celebrado - homologado judicialmente - em que o empregado dá plena e ampla quitação, sem qualquer ressalva, alcança não só o objeto da inicial, como também todas as demais parcelas referentes ao extinto contrato de trabalho, violando a coisa julgada, a propositura de nova reclamação trabalhista."

[119] "Ação Rescisória. Decisões Proferidas em Fases Distintas de uma mesma Ação. Coisa Julgada. Não Configuração. A ofensa à coisa julgada de que trata o inciso IV do art. 966 do CPC de 2015 (inciso IV do art. 485 do CPC de 1973) refere-se apenas a relações processuais distintas. A invocação de desrespeito à coisa julgada formada no processo de conhecimento, na correspondente fase de execução, somente é possível com base na violação do art. 5º, XXXVI, da Constituição da República."

do termo "norma jurídica" no código de 2015 foi celebrada pela doutrina, pois deixa claro que não apenas as disposições legais podem dar ensejo à rescisão, mas também qualquer norma que venha a ser violada pela decisão. A redação do código anterior (inciso V do art. 485), que fazia alusão a "violar literal disposição de lei", era menos abrangente, embora também provocasse ampla discussão acerca de seu alcance. Nas palavras de Teresa Arruda Alvim e Maria Lúcia Lins Conceição[120]:

> *Então o direito é o conjunto de normas. Norma é a pauta de conduta que deve ser obedecida pelo jurisdicionado. Não é a letra da lei: é a lei, interpretada pela jurisprudência, à luz da doutrina.* Da amálgama desses elementos nasce a norma. Às vezes mais presente um do que os outros dois elementos, mas sempre presentes os três, ainda que em diferentes intensidades. (grifo nosso).

O termo "norma jurídica" refere-se a normas de caráter geral, isto é, abstratas e indefinidas. As normas gerais podem estar contidas em diversas fontes, como Constituição, leis, resoluções, portarias, instruções normativas, precedentes judiciais[121]. A doutrina é pacífica quanto ao entendimento de que a decisão que contraria precedentes pode ser alvo de ação rescisória, sobretudo porque o próprio legislador do CPC buscou dar maior relevância aos precedentes, conforme se

---

120 ALVIM, Teresa Arruda; CONCEIÇÃO, Maria Lúcia Lins. *Ação rescisória e querela nullitatis*: semelhanças e diferenças. 2. ed. São Paulo: Thomson Reuters Brasil, 2020. *E-book*. Página RB-4.6.

121 DIDIER JR., Fredie; CUNHA, Leonardo Carneiro da. *Curso de Direito Processual Civil*: meios de impugnação às decisões judiciais e processo nos Tribunais. Vol. 3. 16. ed. rev., atual. e ampl. Salvador, Editora Juspodivm, 2019.

extrai do art. 927[122]. *"Portanto, pode-se afirmar que ofende o direito a decisão que aplica a lei em interpretação diferente daquela tida pacificamente por correta pelos tribunais [...]."*[123]

Para o cabimento da ação rescisória, é indiferente se a norma é de direito material ou de direito processual, podendo a ofensa à norma jurídica estar na sentença ou no decorrer do processo em que a decisão foi proferida[124]. Cabe, ainda, referir que a adjetivação da ofensa como "manifesta" sinaliza que *"[n]ão se trata de qualquer ofensa. Mas de uma ofensa que, por ser grave, pode, ainda, ser analisada depois de a sentença ter transitado em julgado."*[125]

No contexto do Direito Processual do Trabalho, a jurisprudência do TST levou à edição de diversas súmulas e orientações jurisprudenciais quanto ao tema em análise.

A OJ nº 25 da SBDI-II[126], relativa apenas às decisões exaradas sob a égide do CPC/1973, exclui da possibilidade de rescisão contrariedade a convenção ou acordo coletivo de trabalho, portaria do Poder Executivo, regulamento de empresa e súmula ou orientação jurisprudencial de

---

[122] "Art. 927. Os juízes e os tribunais observarão: I - as decisões do Supremo Tribunal Federal em controle concentrado de constitucionalidade; II - os enunciados de súmula vinculante; III - os acórdãos em incidente de assunção de competência ou de resolução de demandas repetitivas e em julgamento de recursos extraordinário e especial repetitivos; IV - os enunciados das súmulas do Supremo Tribunal Federal em matéria constitucional e do Superior Tribunal de Justiça em matéria infraconstitucional; V - a orientação do plenário ou do órgão especial aos quais estiverem vinculados."

[123] ALVIM, Teresa Arruda; CONCEIÇÃO, Maria Lúcia Lins. *Ação rescisória e querela nullitatis*: semelhanças e diferenças. 2. ed. São Paulo: Thomson Reuters Brasil, 2020. *E-book*. Página RB-4.6.

[124] CÂMARA, Alexandre Freitas. *O Novo Processo Civil Brasileiro*. 5. ed. São Paulo: Atlas, 2019.

[125] ALVIM, Teresa Arruda; CONCEIÇÃO, Maria Lúcia Lins. *Ação rescisória e querela nullitatis*: semelhanças e diferenças. 2. ed. São Paulo: Thomson Reuters Brasil, 2020. *E-book*. Página RB-4.6.

[126] "Ação Rescisória. Regência Pelo CPC de 1973. Expressão "Lei" do Art. 485, V, Do CPC de 1973. Não Inclusão do ACT, CCT, Portaria, Regulamento, Súmula e Orientação Jurisprudencial de Tribunal. Não procede pedido de rescisão fundado no art. 485, V, do CPC de 1973 quando se aponta contrariedade à norma de convenção coletiva de trabalho, acordo coletivo de trabalho, portaria do Poder Executivo, regulamento de empresa e súmula ou orientação jurisprudencial de tribunal."

tribunal. No entanto, como se viu, com o CPC/2015 os precedentes foram alçados ao patamar de norma jurídica de observância obrigatória, de forma que a violação das súmulas e orientações jurisprudenciais do TST passou a ser motivo de rescisão[127], inclusive conforme expressa o parágrafo 5º do art. 966 do CPC[128].

Para Henrique Correia e Élison Miessa[129] *"[...] o CPC/15 não atinge o entendimento do C. TST quanto às normas coletivas, portaria do Poder Executivo e o regulamento de empresa [...]"* referidos na OJ nº 25, com a ressalva de que, para os autores, as portarias do Poder Executivo são normas gerais e abstratas e deveriam dar ensejo ao ajuizamento de rescisória em caso de descumprimento, sobretudo aquelas que regulamentam normas de saúde e segurança do trabalho.

Outra orientação jurisprudencial do TST que trata da hipótese do inciso V do art. 966 é a OJ nº 97[130], segundo a qual a violação dos princípios da legalidade, do devido processo legal, do contraditório e

---

[127] CORREIA, Henrique. MIESSA, Élisson. *Súmulas, OJs do TST e recursos repetitivos*. 9. ed. rev., atual. e ampl. São Paulo: Editora Juspodivm, 2021.

[128] "Art. 966 § 5º Cabe ação rescisória, com fundamento no inciso V do caput deste artigo, contra decisão baseada em enunciado de súmula ou acórdão proferido em julgamento de casos repetitivos que não tenha considerado a existência de distinção entre a questão discutida no processo e o padrão decisório que lhe deu fundamento."

[129] CORREIA, Henrique. MIESSA, Élisson. *Súmulas, OJs do TST e recursos repetitivos*. 9. ed. rev., atual. e ampl. São Paulo: Editora Juspodivm, 2021. p. 1689.

[130] "Ação Rescisória. Violação do Art. 5º, II, LIV E LV, da Constituição Federal. Princípios da Legalidade, do Devido Processo Legal, do Contraditório e da Ampla Defesa. Os princípios da legalidade, do devido processo legal, do contraditório e da ampla defesa não servem de fundamento para a desconstituição de decisão judicial transitada em julgado, quando se apresentam sob a forma de pedido genérico e desfundamentado, acompanhando dispositivos legais que tratam especificamente da matéria debatida, estes sim, passíveis de fundamentarem a análise do pleito rescisório."

da ampla defesa deve ser frontal, não cabendo invocações genéricas e reflexas, desvinculadas dos fundamentos infralegais da decisão.

A OJ nº 112[131], por sua vez, trata da decisão calcada em duplo fundamento, isto é, quando a decisão, ou um capítulo dela, tem mais de um fundamento jurídico. É dever da parte infirmar todos os fundamentos adotados, indicando os dispositivos violados, sob pena de não comprovação da violação caso apenas um dos fundamentos seja atacado, pois os demais podem subsistir, mantendo a conclusão do julgamento[132].

O TST também entende que se a norma jurídica objeto da ação rescisória tiver interpretação controvertida pelos Tribunais, o pedido de rescisão não deve prosperar, conforme estatui o item I da Súmula nº 83[133]. O item II da mesma súmula estabelece como marco temporal, quanto a deixar de ser controvertida a matéria, a data de sua inclusão na orientação jurisprudencial.

No mesmo sentido é a Súmula nº 343 do STF[134], a respeito da qual afirma Cássio Scarpinella Bueno[135] que: *"[...] toda vez que a interpretação do texto da norma, que dá substrato jurídico à decisão que se pretende*

---

[131] "Ação Rescisória. Violação de Lei. Decisão Rescindenda por Duplo Fundamento. Impugnação Parcial. Para que a violação da lei dê causa à rescisão de decisão de mérito alicerçada em duplo fundamento, é necessário que o Autor da ação rescisória invoque causas de rescindibilidade que, em tese, possam infirmar a motivação dúplice da decisão rescindenda."

[132] CORREIA, Henrique. MIESSA, Élisson. *Súmulas, OJs do TST e recursos repetitivos*. 9. ed. rev., atual. e ampl. São Paulo: Editora Juspodivm, 2021.

[133] "Ação Rescisória. Matéria Controvertida. I - Não procede pedido formulado na ação rescisória por violação literal de lei se a decisão rescindenda estiver baseada em texto legal infraconstitucional de interpretação controvertida nos Tribunais. II - O marco divisor quanto a ser, ou não, controvertida, nos Tribunais, a interpretação dos dispositivos legais citados na ação rescisória é a data da inclusão, na Orientação Jurisprudencial do TST, da matéria discutida."

[134] "Não cabe ação rescisória por ofensa a literal disposição de lei, quando a decisão rescindenda se tiver baseado em texto legal de interpretação controvertida nos tribunais."

[135] BUENO, Cassio Scarpinella. *Curso Sistematizado de Direito Processual Civil*: procedimento comum, processos nos Tribunais e recursos. Vol. 2. 8. ed. São Paulo: Saraiva Educação, 2019.

rescindir for controvertida na jurisprudência, é impossível identificar-se a manifesta violação exigida pelo inciso V do art. 966." Referida súmula é objeto de intenso debate doutrinário e jurisprudencial, principalmente quanto à divergência de interpretação constitucional[136]. Em apertada síntese, a título de ilustração, a jurisprudência do STF oscilou entre aplicar a súmula, mesmo quando a norma sobre a qual há divergência é constitucional, e não aplicar a súmula quando a questão em debate envolver matéria constitucional[137].

A atual jurisprudência é no sentido de aplicação da súmula sob comento, independentemente de a decisão rescindenda tratar de matéria constitucional. Fernando Rubin respalda o corrente entendimento do STF: "[...] esta evolução interpretativa, a alavancar e reavivar a histórica Súmula nº 343, desfaz por terra a ideia de que demandas que versem sobre matéria constitucional não devem ser abarcadas pela súmula."[138]

Outro tópico relevante, que diz respeito à necessidade de pronunciamento explícito (prequestionamento)[139], está estipulada pela Súmula nº 298 do TST[140], em seus cinco itens. O TST adota no

---

[136] GRINOVER, Ada Pellegrini. Ação rescisória e divergência de interpretação em matéria constitucional. *Revista de Processo*. São Paulo, v. 983, p. 31-47, set./2017.

[137] BERNARDES, Felipe. *O Direito do Trabalho no Supremo Tribunal Federal*. Salvador: Editora Juspodivm, 2021.

[138] RUBIN, Fernando. Cabimento restritivo da ação rescisória diante da formação da coisa julgada material: o respeito à histórica Súmula 343 do STF. *Justiça do trabalho*, Porto Alegre, RS, ano 32, n. 375, p. 132-145, mar. 2015.

[139] Parte da doutrina entende que prequestionamento e pronunciamento explícito não são sinônimos:

[140] "Ação Rescisória. Violação à Disposição de Lei. Pronunciamento Explícito. I - A conclusão acerca da ocorrência de violação literal a disposição de lei pressupõe pronunciamento explícito, na sentença rescindenda, sobre a matéria veiculada. II - O pronunciamento explícito exigido em ação rescisória diz respeito à matéria e ao enfoque específico da tese debatida na ação, e não, necessariamente, ao dispositivo legal tido por violado. Basta que o conteúdo da norma reputada violada haja sido abordado na decisão rescindenda para que se considere preenchido o pressuposto. III - Para efeito de ação rescisória, considera-se pronunciada explicitamente a matéria

item I a compreensão de que é imprescindível pronunciamento explícito prévio sobre a matéria debatida para que se possa concluir pela violação manifesta de norma jurídica.

Os demais itens tratam: da desnecessidade de indicação do dispositivo violado, bastando a menção a seu conteúdo na decisão rescindenda (item II); do reexame necessário pelo Tribunal, considerando prequestionada a matéria se este apenas confirmar a sentença na qual constou a matéria debatida (item III); da sentença homologatória que não apresenta fundamento expresso, considerando-a não suscetível de rescisão por não haver pronunciamento expresso (item IV); e das situações em que o vício nasce na própria decisão rescindenda, como no caso de sentença extra, citra ou ultra petita, quando não é exigido o pronunciamento prévio (item V).

Finalmente, a Súmula nº 410 do TST[141] estabelece a impossibilidade de análise de fatos e provas na ação rescisória cujo fundamento seja o inciso V do art. 966.[142]

3.6 Decisão fundada em prova falsa

A decisão baseada em prova falsa pode ser rescindida, conforme autoriza o inciso VI do art. 966 do CPC. De acordo com a literalidade

---

tratada na sentença quando, examinando remessa de ofício, o Tribunal simplesmente a confirma. IV - A sentença meramente homologatória, que silencia sobre os motivos de convencimento do juiz, não se mostra rescindível, por ausência de pronunciamento explícito. V - Não é absoluta a exigência de pronunciamento explícito na ação rescisória, ainda que esta tenha por fundamento violação de dispositivo de lei. Assim, prescindível o pronunciamento explícito quando o vício nasce no próprio julgamento, como se dá com a sentença "extra, citra e ultra petita"."

[141] "Ação Rescisória. Reexame de Fatos e Provas. Inviabilidade. A ação rescisória calcada em violação de lei não admite reexame de fatos e provas do processo que originou a decisão rescindenda."

[142] Explicam Henrique Correia e Élison Miessa: "Conquanto a ação rescisória tenha natureza de ação e não de recurso, na hipótese de violação de lei, ela segue a mesma sistemática dos recursos de natureza extraordinária, ou seja, impede o reexame de fatos e provas". CORREIA, Henrique. MIESSA, Élisson. *Súmulas, OJs do TST e recursos repetitivos*. 9. ed. rev., atual. e ampl. São Paulo: Editora Juspodivm, 2021. p. 1692.

da lei, a falsidade da prova pode ser apurada em processo criminal ou demonstrada na própria ação rescisória. A doutrina, no entanto, entende que a falsidade demonstrada em ação declaratória civil (art. 19, II, do CPC[143]) ou em incidente de falsidade (art. 433 CPC[144]) também serve como fundamento para ajuizamento da rescisória[145].

Nesses casos, assim como na esfera penal, havendo trânsito em julgado quanto à existência de falsidade da prova, o juízo rescindendo fica vinculado, isto é, não é mais possível discutir a falsidade, podendo o réu apenas defender que a decisão não se baseou na prova falsa ou que outras provas embasam a decisão, além da falsa[146].

A alegação de prova falsa somente serve como fundamento da rescisão se a decisão rescindenda tiver se amparado nela. "*Vale dizer que a falsidade só tem relevância para efeito de rescisória quando a decisão não se sustenta com base em outro fundamento.*"[147] Além disso, qualquer meio de prova pode incorrer em falsidade, como testemunhal, pericial, documental, entre outros.

Quanto à prova documental, explica a doutrina que não tem relevância para a ação rescisória se a falsidade de documento é material ou ideológica. Veja-se que a falsidade material é relativa

---

143 "Art. 19. O interesse do autor pode limitar-se à declaração: [...] II - da autenticidade ou da falsidade de documento."

144 "Art. 433. A declaração sobre a falsidade do documento, quando suscitada como questão principal, constará da parte dispositiva da sentença e sobre ela incidirá também a autoridade da coisa julgada."

145 DIDIER JR., Fredie; CUNHA, Leonardo Carneiro da. *Curso de direito processual civil*: meios de impugnação às decisões judiciais e processo nos tribunais. Vol. 3. 16. ed. rev., atual. e ampl. Salvador, Editora Juspodivm, 2019.

146 ALVIM, Teresa Arruda; CONCEIÇÃO, Maria Lúcia Lins. *Ação rescisória e querela nullitatis*: semelhanças e diferenças. 2. ed. São Paulo: Thomson Reuters Brasil, 2020. *E-book*. Página RB-4.14.

147 MARINONI, Luiz Guilherme; MITIDIERO, Daniel. *Ação rescisória*: do juízo rescindente ao juízo rescisório. São Paulo: Revista dos Tribunais, 2017. p. 246.

aos aspectos exteriores do documento; já a falsidade ideológica diz respeito ao seu conteúdo[148].

O reconhecimento da falsidade da prova no juízo rescindente provoca a necessidade de um juízo rescisório, para rejulgamento do caso, com a exclusão da prova falsa. O novo julgamento não necessariamente terá resultado diverso do julgamento originário. [149]

3.7 Obtenção de prova nova

Caberá rescisão de decisão caso haja a obtenção de prova nova, capaz de alterar o resultado do julgamento quanto a um ou mais pedidos. S súmula nº 402 do TST[150] apresenta a definição de prova nova:

> Considera-se prova nova a cronologicamente velha, já existente ao tempo do trânsito em julgado da decisão rescindenda, mas ignorada pelo interessado ou de impossível utilização, à época, no processo.

A prova nova pode ser utilizada tanto pelo autor quanto pelo réu da ação originária, desde que lhes tenha sido impossível utilizar

---

[148] SOARES, Marcelo Negri. *Ação rescisória*. São Paulo: Artemis Editora, 2015. p. 108-109.

[149] "O reconhecimento da prova falsa não implica uma espécie de sanção à parte, que ficaria impedida de produzir outras provas na ação rescisória, caso se repute necessária nova instrução". ALVIM, Teresa Arruda; CONCEIÇÃO, Maria Lúcia Lins. *Ação rescisória e querela nullitatis*: semelhanças e diferenças. 2. ed. São Paulo: Thomson Reuters Brasil, 2020. *E-book*. Página RB-4.14.

[150] "Ação Rescisória. Prova Nova. Dissídio Coletivo. Sentença Normativa. I – Sob a vigência do CPC de 2015 (art. 966, inciso VII), para efeito de ação rescisória, considera-se prova nova a cronologicamente velha, já existente ao tempo do trânsito em julgado da decisão rescindenda, mas ignorada pelo interessado ou de impossível utilização, à época, no processo. II – Não é prova nova apta a viabilizar a desconstituição de julgado: a) sentença normativa proferida ou transitada em julgado posteriormente à sentença rescindenda; b) sentença normativa preexistente à sentença rescindenda, mas não exibida no processo principal, em virtude de negligência da parte, quando podia e deveria louvar-se de documento já existente e não ignorado quando emitida a decisão rescindenda."

durante o processo, ou seja, a parte não juntou a prova aos autos por motivos não derivados de culpa sua[151]. Explica José Maria Tesheiner[152]:

> Fosse qual fosse o motivo da impossibilidade de utilização, é necessário que haja sido estranho à vontade da parte. Esta deve ter-se visto impossibilitada, sem culpa sua, de usar o documento, v.g., porque lhe fora furtado, ou porque estava em lugar inacessível, ou porque não se pôde encontrar o terceiro que o guardava, e assim por diante.

Da mesma forma que a prova falsa, deve haver pertinência entre os fundamentos da decisão que se quer rescindir e a prova que se busca incluir para apreciação.

3.8 Erro de fato

A última causa de rescindibilidade trazida pelo art. 966 em seu inciso VIII é o erro de fato. Explica a doutrina que esse tipo de erro é uma falha de percepção do magistrado, que pode derivar de excesso de visão, quando percebe um fato inexistente, ou de falta de visão, quando não vê fato que aconteceu[153]. Para caracterizar o erro de fato, é necessário que:

a. o erro de fato seja o fundamento da decisão;
b. não haja controvérsia sobre o fato na ação rescindenda;
c. o erro seja de fácil verificação no processo originário.

---

151 TEIXEIRA FILHO, Manoel Antonio. *Ação Rescisória no processo do trabalho*. 5. ed. São Paulo: LTr, 2017.

152 TESHEINER, Jose Maria Rosa. Ação rescisória no novo código de processo civil. *Revista de Processo*. São Paulo, v. 40, n. 244, p. 209-243, jun. 2015.

153 TEIXEIRA FILHO, Manoel Antonio. *Ação Rescisória no processo do trabalho*. 5. ed. São Paulo: LTr, 2017.

Com relação ao erro de fato, o TST tem duas orientações jurisprudenciais da SBDI-II. A OJ nº 103[154] versa sobre contradição entre parte dispositiva e fundamentação do acórdão, autorizando, nessa situação, a propositura de ação rescisória fundamentada em erro de fato.

Já a OJ nº 136[155] trata da caracterização do erro de fato, esclarecendo:

> A caracterização do erro de fato como causa de rescindibilidade de decisão judicial transitada em julgado ***supõe a afirmação categórica e indiscutida de um fato, na decisão rescindenda, que não corresponde à realidade dos autos.*** (grifo nosso)

E acrescenta, ainda, a Súmula:

> O fato afirmado pelo julgador *[...]* ***é apenas aquele que se coloca como premissa fática indiscutida de um silogismo argumentativo***, não aquele que se apresenta ao final desse mesmo silogismo, [...]. (grifo nosso).

---

[154] "Ação Rescisória. Contradição entre Fundamentação e Parte Dispositiva do Julgado. Cabimento. Erro de Fato. É cabível a rescisória para corrigir contradição entre a parte dispositiva do acórdão rescindendo e a sua fundamentação, por erro de fato na retratação do que foi decidido."

[155] "A caracterização do erro de fato como causa de rescindibilidade de decisão judicial transitada em julgado supõe a afirmação categórica e indiscutida de um fato, na decisão rescindenda, que não corresponde à realidade dos autos. O fato afirmado pelo julgador, que pode ensejar ação rescisória calcada no inciso VIII do art. 966 do CPC de 2015 (inciso IX do art. 485 do CPC de 1973), é apenas aquele que se coloca como premissa fática indiscutida de um silogismo argumentativo, não aquele que se apresenta ao final desse mesmo silogismo, como conclusão decorrente das premissas que especificaram as provas oferecidas, para se concluir pela existência do fato. Esta última hipótese é afastada pelo § 1º do art. 966 do CPC de 2015 (§ 2º do art. 485 do CPC de 1973), ao exigir que não tenha havido controvérsia sobre o fato e pronunciamento judicial esmiuçando as provas."

Nos termos do art. 966, § 1º, do CPC:

> Há erro de fato quando a decisão rescindenda admitir fato inexistente ou quando considerar inexistente fato efetivamente ocorrido, sendo indispensável, em ambos os casos, que o fato não represente ponto controvertido sobre o qual o juiz deveria ter se pronunciado.

Acrescenta-se que o erro deve ser do juiz, nunca das partes[156]. Ademais, cumpre observar que naqueles casos em que se instalar controvérsia sobre o fato ou for ele objeto reconhecido após minudente análise da prova, restará prejudicada a propositura de ação rescisória[157], a teor da já mencionada OJ nº 136.

---

156 MARTINS, Sergio Pinto. *Direito processual do trabalho*. 39. ed. São Paulo, Saraiva, 2017.

157 CAVALCANTE, Jouberto de Quadros Pessoa; JORGE NETO, Francisco Ferreira. A ação rescisória no NCPC e no entendimento jurisprudencial do TST. *Revista eletrônica [do] Tribunal Regional do Trabalho da 9ª Região*, Curitiba, v. 7, n. 69, p. 41-63, jun. 2018. Disponível em: https://juslaboris.tst.jus.br/bitstream/handle/20.500.12178/142137/2018_cavalcante_jouberto_acao_rescisoria.pdf?sequence=1&isAllowed=y. Acesso em 02 out. 2021.

LEGITIMIDADE PARA A CAUSA

Também chamada legitimidade *ad causam*, legitimidade para a causa ou legitimidade para agir, a legitimidade das partes é a pertinência subjetiva da ação, isto é, determina quem são os sujeitos aptos a ajuizar a ação rescisória (legitimidade ativa) e contra quem se pode ajuizar (legitimidade passiva). *"A legitimidade está relacionada ao fato de aquele que pleiteia e contra quem se pede serem titulares do direito material invocado."*[158] Neste tópico, discorre-se sobre quem são os legitimados ativos e passivos da ação rescisória trabalhista.

---

[158] NAHAS, Thereza Christina; FINCATO, Denise; CAMPOS, Amália Rosa de. *Prática de processo do trabalho*: do presencial ao virtual. São Paulo: Thomson Reuters Brasil, 2020. p. 51.

4.1 Legitimidade ativa

Os legitimados *ad causam* para propositura da ação rescisória estão enumerados no art. 967 do CPC[159]. São eles:

1. as partes do processo rescindendo;
2. o terceiro juridicamente interessado;
3. aquele cuja intervenção era obrigatória e que não foi ouvido no processo e
4. o Ministério Público.

No que tange às partes do processo rescindendo, tanto autor quanto réu, e seus sucessores a título universal ou singular, podem ser autores na ação rescisória, inclusive o réu revel. *"O demandado na rescisória, evidentemente, será o ex adverso na demanda rescindenda ou seus sucessores."*[160] Manoel Antonio Teixeira Filho[161] esclarece que "parte" deve ser entendida em seu sentido amplo, não apenas autor e réu, mas também os litisconsortes, os assistentes, os opoentes, os denunciados à lide e os chamados ao processo, podendo, qualquer um deles, figurar no polo ativo da rescisória.

O Ministério Público tem legitimidade ativa para propor ação rescisória quando não foi ouvido no processo em que lhe era obrigatória a intervenção, bem como quando a decisão rescindenda

---

[159] "Art. 967. Têm legitimidade para propor a ação rescisória: I - quem foi parte no processo ou o seu sucessor a título universal ou singular; II - o terceiro juridicamente interessado; III - o Ministério Público:
a) se não foi ouvido no processo em que lhe era obrigatória a intervenção; b) quando a decisão rescindenda é o efeito de simulação ou de colusão das partes, a fim de fraudar a lei; c) em outros casos em que se imponha sua atuação; IV - aquele que não foi ouvido no processo em que lhe era obrigatória a intervenção. Parágrafo único. Nas hipóteses do art. 178, o Ministério Público será intimado para intervir como fiscal da ordem jurídica quando não for parte."

[160] PORTO, Sérgio Gilberto. *Ação rescisória atípica*: instrumento de defesa da ordem jurídica. São Paulo: Editora Revista dos Tribunais, 2003.

[161] TEIXEIRA FILHO, Manoel Antonio. *Ação Rescisória no processo do trabalho*. 5. ed. São Paulo: LTr, 2017.

decorrer de simulação ou de colusão das partes para fraudar a lei. Na seara trabalhista, a Súmula nº 407 do TST[162] estabelece que a legitimidade do Ministério Público do Trabalho (MPT) para propor ação rescisória não se limita às hipóteses do art. 967 do CPC, visto que são apenas exemplificativas.

Assim, o MPT tem ampla legitimidade para ajuizamento da ação rescisória, tendo ou não participado da ação rescindenda, como parte ou como fiscal da ordem jurídica. Da mesma forma que em outros tipos de ação, conforme estatui o art. 178 do CPC[163], o Ministério Público atuará como fiscal da ordem jurídica quando não for parte da rescisória (art. 967, parágrafo único[164]).

O terceiro juridicamente interessado é aquele foi atingido pela decisão, ainda que não tenha sido parte no processo originário. Em outras palavras, é *"[...] aquele que sofreu efeitos principais ou reflexos da decisão transitada em julgado"*.[165] O terceiro poderá ajuizar a ação rescisória se comprovar que foi atingido pela coisa julgada que visa a rescindir.

---

[162] "AÇÃO RESCISÓRIA. MINISTÉRIO PÚBLICO. LEGITIMIDADE "AD CAUSAM" PREVISTA NO ART. 967, III, "A", "B" E "C" DO CPC DE 2015. ART. 487, III, "A" E "B", DO CPC DE 1973. HIPÓTESES MERAMENTE EXEMPLIFICATIVAS. A legitimidade "ad causam" do Ministério Público para propor ação rescisória, ainda que não tenha sido parte no processo que deu origem à decisão rescindenda, não está limitada às alíneas "a", "b" e "c" do inciso III do art. 967 do CPC de 2015 (art. 487, III, "a" e "b", do CPC de 1973), uma vez que traduzem hipóteses meramente exemplificativas.

[163] Art. 178. O Ministério Público será intimado para, no prazo de 30 (trinta) dias, intervir como fiscal da ordem jurídica nas hipóteses previstas em lei ou na Constituição Federal e nos processos que envolvam: I - interesse público ou social; II - interesse de incapaz; III - litígios coletivos pela posse de terra rural ou urbana. Parágrafo único. A participação da Fazenda Pública não configura, por si só, hipótese de intervenção do Ministério Público."

[164] "Art. 967. Têm legitimidade para propor a ação rescisória: [...] Parágrafo único. Nas hipóteses do art. 178, o Ministério Público será intimado para intervir como fiscal da ordem jurídica quando não for parte."

[165] DIDIER JR., Fredie; CUNHA, Leonardo Carneiro da. *Curso de direito processual civil*: meios de impugnação às decisões judiciais e processo nos tribunais. 16. ed. rev., atual. e ampl. Salvador, Editora Juspodivm, 2019. v.3. p. 543.

"Aquele que não foi ouvido no processo em que lhe era obrigatória a intervenção" refere-se ao sujeito que deveria ter integrado a relação processual originária e que não participou do processo. São exemplos o INPI[166], o CADE[167] e a CVM[168], que devem intervir em ações cuja matéria seja de sua competência, de acordo com determinação legal[169].

4.2 Legitimidade passiva

Qualquer um que tenha sido parte do processo que se objetiva rescindir pode ser réu na ação rescisória. *"Isto pode levar, então, à existência de litisconsórcio necessário passivo, no processo da ação rescisória, entre pessoas que, no processo original, ocuparam posições antagônicas."*[170] Destarte, haverá litisconsórcio necessário no polo passivo, nos termos do item I da Súmula nº 406 do TST[171].

Ainda de acordo com a essa súmula, agora em seu item II, o sindicato substituto processual pode figurar como réu na ação

[166] Lei nº 9.279/1996 - Regula direitos e obrigações relativos à propriedade industrial. (arts. 57, 118, 175).

[167] Lei nº 12.529/2011 - Estrutura o Sistema Brasileiro de Defesa da Concorrência. (art. 118)

[168] Lei nº 6.835/1976 - Dispõe sobre o mercado de valores mobiliários e cria a Comissão de Valores Mobiliários (art. 31)

[169] MARINONI, Luiz Guilherme; MITIDIERO, Daniel. *Ação rescisória*: do juízo rescindente ao juízo rescisório. São Paulo: Revista dos tribunais, 2017.

[170] CÂMARA, Alexandre Freitas. *O Novo Processo Civil Brasileiro*. 5. ed. São Paulo: Atlas, 2019. p. 625

[171] "Ação Rescisória. Litisconsórcio. Necessário no polo passivo e facultativo no ativo. Inexistente quanto aos substituídos pelo sindicato. I - O litisconsórcio, na ação rescisória, é necessário em relação ao polo passivo da demanda, porque supõe uma comunidade de direitos ou de obrigações que não admite solução díspar para os litisconsortes, em face da indivisibilidade do objeto. Já em relação ao polo ativo, o litisconsórcio é facultativo, uma vez que a aglutinação de autores se faz por conveniência e não pela necessidade decorrente da natureza do litígio, pois não se pode condicionar o exercício do direito individual de um dos litigantes no processo originário à anuência dos demais para retomar a lide. II - O Sindicato, substituto processual e autor da reclamação trabalhista, em cujos autos fora proferida a decisão rescindenda, possui legitimidade para figurar como réu na ação rescisória, sendo descabida a exigência de citação de todos os empregados substituídos, porquanto inexistente litisconsórcio passivo necessário."

rescisória, sem que haja a necessidade de citação de todos os substituídos. Tal situação decorre da legitimidade ativa do sindicato para representar os trabalhadores (art. 8º, III, da CF[172]), pela qual não é necessária a apresentação da lista de substituídos. Assim, o sindicato pode figurar como réu na rescisória, e a decisão atingirá todos os substituídos[173].

---

172 "Art. 8º É livre a associação profissional ou sindical, observado o seguinte: [...] III - ao sindicato cabe a defesa dos direitos e interesses coletivos ou individuais da categoria, inclusive em questões judiciais ou administrativas;"

173 CORREIA, Henrique. MIESSA, Élisson. *Súmulas, OJs do TST e recursos repetitivos*. 9. ed. rev., atual. e ampl. São Paulo: Editora Juspodivm, 2021.

OUTROS ASPECTOS PROCESSUAIS RELEVANTES

Este último título tem por escopo apresentar outras questões de ordem processual que se consideram relevantes no âmbito da matéria em análise. Assim, o que se busca é contemplar os aspectos processuais que distinguem a ação rescisória dos demais tipos de ação. Para tanto, serão discutidos os seguintes temas: competência, valor da causa, prazo e petição inicial.

5.1 Competência

A competência originária para processamento e julgamento de ação rescisória é sempre de Tribunais; destarte, nunca deverá ser ajuizada em uma Vara do Trabalho[174]. Cuida-se de competência

[174] SCHIAVI, Mauro. *Manual de direito processual do trabalho*. 16 ed. São Paulo: LTr, 2020.

de natureza absoluta, porquanto é funcional[175]. Reitera-se que *"[n] a ação rescisória não estão impedidos os juízes que participaram do julgamento da decisão que se busca desconstituir* (Súmula nº 252 do STF)."[176]

Os Tribunais Regionais do Trabalho são competentes para julgar as ações rescisórias que busquem desconstituir suas próprias decisões e, ainda, as das Vara do Trabalho vinculadas a eles. O art. 678, I, c, 2, da CLT[177] estabelece a ação rescisória como competência do Pleno do TRT; entretanto, alguns TRTs delegam a competência a uma Seção Especializada, fato que deverá ser confirmado mediante exame do respectivo regimento interno.

O Tribunal Superior do Trabalho julga as rescisórias ajuizadas contra suas próprias decisões em dissídios individuais (das oito Turmas e das Subseções de Dissídios Individuais) na Subseção de Direitos Individuais II (SBDI-II), conforme o art. 3º, I, a, da lei 7.701/88[178] combinado com o art. 78, III, a, I, do Regimento Interno do TST[179]. Já para a rescisão de sentença normativa, é competente a SDC (Subseção

---

[175] CORREIA, Henrique. MIESSA, Élisson. *Súmulas, OJs do TST e recursos repetitivos*. 9. ed. rev., atual. e ampl. São Paulo: Editora Juspodivm, 2021.

[176] MIESSA, Élisson. *Processo do Trabalho*. 7. ed. rev., ampl. e atual. São Paulo: Editora Juspodivm, 2019.

[177] "Art. 678 - Aos Tribunais Regionais, quando divididos em Turmas, compete: I - ao Tribunal Pleno, especialmente: [...] c) processar e julgar em última instância: [...] 2) as ações rescisórias das decisões das Juntas de Conciliação e Julgamento, dos juízes de direito investidos na jurisdição trabalhista, das Turmas e de seus próprios acórdãos;"

[178] "Lei nº 7.701, de 21 de dezembro de 1988 - Dispõe sobre a especialização de Turmas dos Tribunais do Trabalho em processos coletivos e dá outras providências. [...] Art. 3º - Compete à Seção de Dissídios Individuais julgar: I - originariamente: a) as ações rescisórias propostas contra decisões das Turmas do Tribunal Superior do Trabalho e suas próprias, inclusive as anteriores à especialização em seções;"

[179] "Art. 78. [...] III - à Subseção II: a) originariamente: I - julgar as ações rescisórias propostas contra suas decisões, as da Subseção I e as das Turmas do Tribunal;"

de Dissídios Coletivos) nos termos do art. 77, I, d, do Regimento Interno do TST[180] e do art. 2º, I, c, da lei 7.701/1988[181].

Destarte, em síntese, deve-se buscar a última decisão de mérito do processo para saber qual será o órgão competente para o processamento e o julgamento da ação rescisória, tendo em mente que ela sempre recairá sobre um órgão do 2º grau de jurisdição[182].

A Súmula nº 192[183] do TST trata especificamente da competência da ação rescisória. O item I dessa súmula atribui aos TRTs a competência para julgar ação rescisória em que não foi conhecido recurso de revista ou de embargos. O item II é uma exceção ao item I, especificando que:

> II - Acórdão rescindendo do Tribunal Superior do Trabalho que não conhece de recurso de embargos ou de revista, analisando arguição de violação de dispositivo de lei material ou decidindo em consonância com

---

[180] "Art. 77. À Seção Especializada em Dissídios Coletivos compete: I - originariamente: [...] d) julgar as ações rescisórias propostas contra suas sentenças normativas;"

[181] "Art. 2º - Compete à seção especializada em dissídios coletivos, ou seção normativa: I - originariamente: [...] c) julgar as ações rescisórias propostas contra suas sentenças normativas;"

[182] SANTOS, Enoque Ribeiro dos; HAJEL FILHO, Ricardo Antonio Bittar. *Curso de direito processual do trabalho*. 4. ed. São Paulo: Atlas, 2020.

[183] "Ação Rescisória. Competência. I - Se não houver o conhecimento de recurso de revista ou de embargos, a competência para julgar ação que vise a rescindir a decisão de mérito é do Tribunal Regional do Trabalho, ressalvado o disposto no item II. II - Acórdão rescindendo do Tribunal Superior do Trabalho que não conhece de recurso de embargos ou de revista, analisando arguição de violação de dispositivo de lei material ou decidindo em consonância com súmula de direito material ou com iterativa, notória e atual jurisprudência de direito material da Seção de Dissídios Individuais (Súmula nº 333), examina o mérito da causa, cabendo ação rescisória da competência do Tribunal Superior do Trabalho. III – Sob a égide do art. 512 do CPC de 1973, é juridicamente impossível o pedido explícito de desconstituição de sentença quando substituída por acórdão do Tribunal Regional ou superveniente sentença homologatória de acordo que puser fim ao litígio. IV – Na vigência do CPC de 1973, é manifesta a impossibilidade jurídica do pedido de rescisão de julgado proferido em agravo de instrumento que, limitando-se a aferir o eventual desacerto do juízo negativo de admissibilidade do recurso de revista, não substitui o acórdão regional, na forma do art. 512 do CPC. V- A decisão proferida pela SBDI, em agravo regimental, calcada na Súmula nº 333, substitui acórdão de Turma do TST, porque emite juízo de mérito, comportando, em tese, o corte rescisório."

> súmula de direito material ou com iterativa, notória e atual jurisprudência de direito material da Seção de Dissídios Individuais (Súmula nº 333), examina o mérito da causa, cabendo ação rescisória da competência do Tribunal Superior do Trabalho.

Significa que nas duas situações mencionadas (violação de lei ou de súmula e jurisprudência iterativa), o TST tem que adentrar o mérito do recurso de revista ou de embargos, então a última decisão de mérito é daquele tribunal. Os itens III e IV da Súmula nº 192 fazem referência ao CPC de 1973 e, portanto, não serão aprofundados. Já o item V, de forma análoga ao item II, considera decisão de mérito a proferida pela SDI em agravo regimental, admitindo, assim, a rescisória.

5.2 Valor da causa

No processo do trabalho, o art. 836 da CLT[184] estipula um depósito prévio de 20% do valor da causa para o ajuizamento da ação rescisória. Conforme já referido anteriormente, de 1969 a 2007 não havia tal requisito, por expressa determinação legal (art. 836 da CLT[185] à época) de que não se aplicava ao processo do trabalho o depósito prévio

---

[184] "Art. 836 - É vedado aos órgãos da Justiça do Trabalho conhecer de questões já decididas, excetuados os casos expressamente previstos neste Título e a ação rescisória, que será admitida na forma do disposto no Capítulo IV do Título IX da Lei nº 5.869, de 11 de janeiro de 1973 – Código de Processo Civil, *sujeita ao depósito prévio de 20% (vinte por cento) do valor da causa, salvo prova de miserabilidade jurídica do autor.*" (grifo nosso).

[185] "Art. 836 - É vedado aos órgãos de Justiça do Trabalho conhecer de questões já decididas, excetuados os casos expressamente previstos neste Título e a ação rescisória, que será admitida, na forma do disposto no Capítulo IV do Título IX da Lei nº 5.869, de 11 de janeiro de 1973 - Código de Processo Civil, *dispensado o depósito referido nos artigos 488, inciso II, e 494 daquele diploma legal.*" (grifo nosso).

previsto no CPC, o que resultou em um alto índice de demandas rescisórias na seara trabalhista.

A fixação do depósito prévio em percentual superior ao estabelecido pelo CPC (que é de 5%) suscitou debate acerca da constitucionalidade da medida, tendo sido a questão levada ao controle concentrado de constitucionalidade por meio da ADI 3.995[186], a qual foi julgada improcedente, com a consolidação da seguinte tese jurídica: *"É constitucional a fixação de depósito prévio como condição de procedibilidade da ação rescisória."*

O STF entendeu que o percentual de 20% está dentro dos limites da proporcionalidade e da razoabilidade, representando um desincentivo legítimo ao ajuizamento de ação rescisória[187]. Além disso, constou do voto do relator que:

> A sobreutilização do Judiciário congestiona o serviço, compromete a celeridade e a qualidade da prestação da tutela jurisdicional, incentiva demandas oportunistas e prejudica a efetividade e a credibilidade das instituições judiciais. ***Afeta, em última análise, o próprio direito constitucional de acesso à Justiça.*** [188] (grifo nosso).

Após a alteração legislativa de 2007, o TST editou a Instrução Normativa nº 31 para regulamentar o depósito prévio em ação

---

[186] "Direito Constitucional e Processual do Trabalho. Ação Direta de Inconstitucionalidade. Depósito Prévio em Ação Rescisória. Acesso à Justiça e Ampla Defesa. Proporcionalidade."

[187] BERNARDES, Felipe. *O Direito do Trabalho no Supremo Tribunal Federal*. Salvador: Editora Juspodivm, 2021.

[188] BRASIL. Supremo Tribunal Federal. *ADI 3.395/DF*. Relator: Min. Roberto Barroso. Brasília, DF: 13 dez. 2018. Disponível em: https://redir.stf.jus.br/paginadorpub/paginador.jsp?docTP=TP&docID=749267870. Acesso em: 27 dez. 2021.

rescisória. Merecem destaque o art. 2º[189], que trata do valor da causa da ação rescisória que busque desconstituir decisão da fase de conhecimento, e o art. 3º[190], que estabelece o valor da causa em caso de ação que vise a desconstituição da decisão em fase de execução.

Para desconstituir decisão da fase de conhecimento, o valor da causa rescisória dependerá da procedência ou não da ação de base. Em caso de procedência, a rescisória terá como valor da causa a importância arbitrada à condenação da ação originária; em caso de improcedência, poderá ser o valor dado àquela causa ou um valor arbitrado pelo juiz. Já nas causas em fase de execução, o valor da ação rescisória será o apurado na liquidação de sentença da causa de origem[191].

Ainda, de acordo com o Regimento Interno do TST, o depósito prévio será convertido em multa a favor do réu caso a ação rescisória seja, por unanimidade, improcedente ou inadmissível (art. 233, § 1º[192]). O parágrafo 2º[193] do mesmo artigo isenta os entes públicos (administração direta e indireta), o Ministério Público e a Defensoria

---

[189] "Art. 2° O valor da causa da ação rescisória que visa desconstituir decisão da fase de conhecimento corresponderá: I - no caso de improcedência, ao valor dado à causa do processo originário ou aquele que for fixado pelo Juiz; II - no caso de procedência, total ou parcial, ao respectivo valor arbitrado à condenação."

[190] "Art. 3° O valor da causa da ação rescisória que visa desconstituir decisão da fase de execução corresponderá ao valor apurado em liquidação de sentença."

[191] NASCIMENTO, Amauri Mascaro. *Curso de direito processual do trabalho*. 28. ed. São Paulo: Saraiva, 2013.

[192] "Art. 233. Caberá ação rescisória dos acórdãos prolatados pelo Tribunal, no prazo e nas hipóteses previstas na legislação processual aplicável, observadas, para o julgamento, as regras alusivas à competência dos órgãos judicantes da Corte. § 1º A ação rescisória está sujeita ao depósito prévio equivalente a 20% (vinte por cento) do valor da causa, importância que se converterá em multa em favor do réu, caso a ação seja, por unanimidade de votos, declarada inadmissível ou improcedente."

[193] "§ 2º Não se aplica o disposto no parágrafo anterior ao autor que tenha feito prova de miserabilidade jurídica e à União, aos Estados, ao Distrito Federal, aos Municípios, às suas respectivas autarquias e fundações de direito público, ao Ministério Público e à Defensoria Pública."

Pública do pagamento do depósito prévio, bem como os beneficiários da justiça gratuita. Tais artigos repetem o teor do art. 968, § 1º do CPC[194], aplicável ao processo do trabalho por força da Instrução Normativa nº 39 do TST, conforme já referido anteriormente.

5.3 Prazo

O prazo para ajuizamento da ação rescisória é decadencial e está definido no art. 975 do CPC[195], sendo, em regra, de dois anos, contados a partir do trânsito em julgado da última decisão proferida no processo.

> O prazo decadencial refere-se a direitos potestativos, que são aqueles cuja implementação depende exclusivamente da vontade de o seu titular criá-los, colocando aquele a quem é direcionado, em estado de sujeição.[196]

Apesar de ser decadencial, o prazo tem natureza processual para fins de contagem[197], isto é, exclui-se o dia do início e inclui-se o

---

[194] "Art. 968. A petição inicial será elaborada com observância dos requisitos essenciais do art. 319, devendo o autor: [...] § 1º Não se aplica o disposto no inciso II à União, aos Estados, ao Distrito Federal, aos Municípios, às suas respectivas autarquias e fundações de direito público, ao Ministério Público, à Defensoria Pública e aos que tenham obtido o benefício de gratuidade da justiça."

[195] "Art. 975. O direito à rescisão se extingue em 2 (dois) anos contados do trânsito em julgado da última decisão proferida no processo."

[196] BASTOS, Bianca. A coisa julgada e a perspectiva da definitividade de decisões inconstitucionais diante dos limites do sistema recursal no âmbito do processo trabalhista. *Revista de direito do trabalho e seguridade social*, São Paulo, SP, v. 46, n. 211, p. 55-78, maio/jun. 2020.

[197] SILVA, Homero Batista Mateus da. *Curso de Direito do Trabalho aplicado*: processo do trabalho. 3. ed. rev., atual. e ampl. São Paulo: Revista dos Tribunais, 2017. (coleção curso de direito do trabalho aplicado, v. 9).

do final, com prorrogação ao próximo dia útil em caso de final em feriado, fim de semana ou recesso forense (art. 975, § 1º[198]).

Os demais parágrafos do art. 975 do CPC preveem duas exceções à contagem do prazo decadencial:

> 1) em caso de ação rescisória que tem por fundamento a prova nova, conta-se dois anos da sua descoberta, não podendo ultrapassar cinco anos da última decisão proferida no processo (§ 2º [199]); e
> 2) para as hipóteses de colusão ou simulação entre as partes, conta-se os dois anos a partir da ciência do fato pelo Ministério Público ou pelo terceiro prejudicado (§ 3º [200]).

As particularidades quanto à contagem do prazo decadencial no processo do trabalho estão consolidadas na Súmula nº 100 do TST[201], que

---

[198] "§ 1º Prorroga-se até o primeiro dia útil imediatamente subsequente o prazo a que se refere o caput, quando expirar durante férias forenses, recesso, feriados ou em dia em que não houver expediente forense."

[199] § 2º Se fundada a ação no inciso VII do art. 966, o termo inicial do prazo será a data de descoberta da prova nova, observado o prazo máximo de 5 (cinco) anos, contado do trânsito em julgado da última decisão proferida no processo.

[200] § 3º Nas hipóteses de simulação ou de colusão das partes, o prazo começa a contar, para o terceiro prejudicado e para o Ministério Público, que não interveio no processo, a partir do momento em que têm ciência da simulação ou da colusão.

[201] "Ação Rescisória. Decadência. I - O prazo de decadência, na ação rescisória, conta-se do dia imediatamente subsequente ao trânsito em julgado da última decisão proferida na causa, seja de mérito ou não. II - Havendo recurso parcial no processo principal, o trânsito em julgado dá-se em momentos e em tribunais diferentes, contando-se o prazo decadencial para a ação rescisória do trânsito em julgado de cada decisão, salvo se o recurso tratar de preliminar ou prejudicial que possa tornar insubsistente a decisão recorrida, hipótese em que flui a decadência a partir do trânsito em julgado da decisão que julgar o recurso parcial. III - Salvo se houver dúvida razoável, a interposição de recurso intempestivo ou a interposição de recurso incabível não protrai o termo inicial do prazo decadencial. IV - O juízo rescindente não está adstrito à certidão de trânsito em julgado juntada com a ação rescisória, podendo formar sua convicção através de outros elementos dos autos quanto à antecipação ou postergação do "dies a quo" do prazo decadencial. V - O acordo homologado judicialmente tem força de decisão irrecorrível, na forma do art. 831 da CLT. Assim sendo, o termo conciliatório transita em julgado na data da sua homologação judicial. VI

possui dez itens acerca do tema, os quais serão comentados a seguir.

Em consonância com o art. 975 do CPC, o primeiro item da Súmula nº 100 estatui que o prazo será contado do dia imediatamente subsequente ao trânsito em julgado da última decisão proferida, sendo ela de mérito ou não. Assim, por exemplo, havendo recurso não conhecido, o trânsito em julgado da decisão de não conhecimento do recurso é o marco inicial do prazo decadencial para propositura da ação rescisória[202].

O item II trata do trânsito em julgado parcial, já referido no item 2.1, quando ocorrerá em momentos e tribunais diferentes, para cada capítulo da sentença ou do acórdão. Nesse caso, o prazo deverá ser contado a partir do trânsito em julgado de cada decisão individualmente considerada.

O item III apresenta uma exceção ao item I da referida súmula: em caso de recurso manifestamente intempestivo ou incabível (erro grosseiro), o trânsito em julgado ocorrerá na sentença ou no acórdão anterior ao recurso, isto é, não haverá postergação do início do prazo

- Na hipótese de colusão das partes, o prazo decadencial da ação rescisória somente começa a fluir para o Ministério Público, que não interveio no processo principal, a partir do momento em que tem ciência da fraude. VII - Não ofende o princípio do duplo grau de jurisdição a decisão do TST que, após afastar a decadência em sede de recurso ordinário, aprecia desde logo a lide, se a causa versar questão exclusivamente de direito e estiver em condições de imediato julgamento. VIII - A exceção de incompetência, ainda que oposta no prazo recursal, sem ter sido aviado o recurso próprio, não tem o condão de afastar a consumação da coisa julgada e, assim, postergar o termo inicial do prazo decadencial para a ação rescisória. IX - Prorroga-se até o primeiro dia útil, imediatamente subseqüente, o prazo decadencial para ajuizamento de ação rescisória quando expira em férias forenses, feriados, finais de semana ou em dia em que não houver expediente forense. Aplicação do art. 775 da CLT. X - Conta-se o prazo decadencial da ação rescisória, após o decurso do prazo legal previsto para a interposição do recurso extraordinário, apenas quando esgotadas todas as vias recursais ordinárias."

202 CORREIA, Henrique. MIESSA, Élisson. *Súmulas, OJs do TST e recursos repetitivos*. 9. ed. rev., atual. e ampl. São Paulo: Editora Juspodivm, 2021.

decadencial da ação rescisória para o momento de apreciação dos pressupostos do recurso[203].

Apesar de a certidão de trânsito em julgado possuir fé pública, em caso de manifesto equívoco, pode o magistrado desconsiderá-la e formar sua convicção quanto ao prazo decadencial da rescisória por outros meios presentes no processo. É o conteúdo do item IV da súmula em análise. Repisa-se que é imprescindível a juntada da certidão de trânsito em julgado com a petição inicial, nos termos da Súmula nº 299 do TST.

O item V versa sobre o trânsito em julgado de acordo judicial, que ocorre na data de sua homologação, nos exatos termos do art. 831, parágrafo único, da CLT[204], pois trata-se de decisão irrecorrível. Já o item VI reproduz o conteúdo do § 3º do art. 975 do CPC, mencionado previamente, quanto ao começo do prazo decadencial para o Ministério Público, que será no momento de ciência da fraude, nas hipóteses de colusão ou simulação entre as partes.

O item VII da súmula em análise explica que, em sede de ação rescisória, se o Tribunal rejeitar a decadência alegada pela parte demandada, poderá prosseguir no julgamento, caso a matéria seja de direito, dispensando a instrução probatória[205]. O item VIII aborda a exceção de incompetência, aclarando que, sendo ela manifestamente incabível e/ou alegada em peça apartada, quer dizer, fora do recurso

---

[203] CORREIA, Henrique. MIESSA, Élisson. *Súmulas, OJs do TST e recursos repetitivos*. 9. ed. rev., atual. e ampl. São Paulo: Editora Juspodivm, 2021.

[204] "Art. 831 - A decisão será proferida depois de rejeitada pelas partes a proposta de conciliação. Parágrafo único. No caso de conciliação, o termo que for lavrado valerá como decisão irrecorrível, salvo para a Previdência Social quanto às contribuições que lhe forem devidas."

[205] OLIVEIRA, Francisco Antonio de. *Comentários às Súmulas do TST*. 6. ed. rev., atual. e ampl. São Paulo: Editora Revista dos Tribunais, 2005.

do qual deveria constar, não haverá postergação do início do prazo decadencial da rescisória[206].

Finalmente, o penúltimo item da Súmula nº 100 trata do fim do prazo em dia não útil, retomando a norma do art. 975, § 1º, do CPC, já mencionada, e o art. 775 da CLT. E o último item, X, elucida que o prazo do recurso extraordinário será o marco inicial do prazo decadencial da ação rescisória apenas após o esgotamento das vias recursais ordinárias. Isto ocorre porque na Justiça do Trabalho somente é cabível o recurso extraordinário depois de exauridos todos os recursos da justiça especializada. Assim, se ainda coubessem embargos ao TST e a parte interpusesse recurso extraordinário, este seria incabível e o trânsito em julgado ocorreria ao final do prazo dos embargos (8 dias) e não do recurso extraordinário (15 dias)[207].

5.4 Petição inicial

A ação rescisória é uma das exceções à regra do *jus postulandi* no processo do trabalho. O *jus postulandi*, consoante dispõe o art. 791 da CLT[208], autoriza as partes a litigarem por conta própria, isto é, sem procurador constituído, sobrepondo-se à regra do art. 103 do CPC[209], o qual exige a representação por advogado[210]. No entanto, o exercício de tal direito tem limitações, estabelecidas pela Súmula nº

---

[206] CORREIA, Henrique. MIESSA, Élisson. *Súmulas, OJs do TST e recursos repetitivos*. 9. ed. rev., atual. e ampl. São Paulo: Editora Juspodivm, 2021.

[207] CORREIA, Henrique. MIESSA, Élisson. *Súmulas, OJs do TST e recursos repetitivos*. 9. ed. rev., atual. e ampl. São Paulo: Editora Juspodivm, 2021.

[208] "Art. 791 - Os empregados e os empregadores poderão reclamar pessoalmente perante a Justiça do Trabalho e acompanhar as suas reclamações até o final."

[209] "Art. 103. A parte será representada em juízo por advogado regularmente inscrito na Ordem dos Advogados do Brasil."

[210] NAHAS, Thereza. *Direito processual do trabalho*: processo de conhecimento e tutelas de urgência (antecipada e cautelar): tomo I. Rio de Janeiro: Elsevier, 2007.

425 do TST[211], entre elas a ação rescisória, para a qual é imprescindível a representação por advogado.

A petição inicial da ação rescisória no âmbito do processo do trabalho possui algumas peculiaridades que merecem destaque. Inicialmente, menciona-se a base normativa da petição inicial, que é o art. 968 do CPC[212], o qual traz dois requisitos especiais, quais sejam:

1. cumular ao pedido de rescisão o de novo julgamento do processo, se for o caso;
2. depositar o valor correspondente.

Note-se que o segundo requisito é distinto entre processo civil e processo do trabalho, sendo de 5% para o primeiro e de 20% para o segundo, conforme já amplamente analisado no item sobre valor da causa.

O artigo ainda menciona que devem ser cumpridos os requisitos da petição inicial, elencados no art. 319 do CPC[213]. Reitera-se, ademais, o teor do item I da Súmula nº 299 do TST, combinado com o art. 320 do CPC, de que é imprescindível que acompanhe a petição inicial da ação rescisória a certidão de trânsito em julgado da decisão rescindenda.

---

[211] *JUS POSTULANDI* NA JUSTIÇA DO TRABALHO. ALCANCE. O *jus postulandi* das partes, estabelecido no art. 791 da CLT, limita-se às Varas do Trabalho e aos Tribunais Regionais do Trabalho, *não alcançando a ação rescisória*, a ação cautelar, o mandado de segurança e os recursos de competência do Tribunal Superior do Trabalho. (grifo nosso)

[212] Art. 968. A petição inicial será elaborada com observância dos requisitos essenciais do art. 319, devendo o autor: I - cumular ao pedido de rescisão, se for o caso, o de novo julgamento do processo; II - depositar a importância de cinco por cento sobre o valor da causa, que se converterá em multa caso a ação seja, por unanimidade de votos, declarada inadmissível ou improcedente.

[213] Art. 319. A petição inicial indicará: I - o juízo a que é dirigida; II - os nomes, os prenomes, o estado civil, a existência de união estável, a profissão, o número de inscrição no Cadastro de Pessoas Físicas ou no Cadastro Nacional da Pessoa Jurídica, o endereço eletrônico, o domicílio e a residência do autor e do réu; III - o fato e os fundamentos jurídicos do pedido; IV - o pedido com as suas especificações; V - o valor da causa; VI - as provas com que o autor pretende demonstrar a verdade dos fatos alegados; VII - a opção do autor pela realização ou não de audiência de conciliação ou de mediação.

A Súmula nº 408 do TST[214] trata da ausência de capitulação ou capitulação errônea do art. 966 do CPC na petição inicial, referindo que é lícito ao Tribunal aplicar o princípio *iura novit curia,* desde que a parte apresente fatos e fundamentos condizentes com as causas de rescindibilidade elencadas no referido artigo. Assim, ainda que a parte deixe de mencionar ou mencione equivocadamente o inciso do art. 966 no qual se funda a ação rescisória, a petição inicial não será considerada inepta.

A única exceção a esse entendimento jurisprudencial é o inciso V do art. 966 do CPC (norma jurídica manifestamente violada), pois nesse caso é indispensável que a parte indique expressa e corretamente a norma jurídica que entende violada.

Ainda com relação à petição inicial, o art. 968, § 5º do CPC[215] trata da possibilidade de emenda da petição inicial quando reconhecida a incompetência do tribunal em que foi ajuizada a ação rescisória, com posterior oportunidade de complementação dos fundamentos da

---

[214] Ação Rescisória. Petição Inicial. Causa de Pedir. Ausência de Capituação ou Capitulação Errônea no art. 966 do CPC de 2015. Art. 485 do CPC de 1973. Princípio "iura novit curia". Não padece de inépcia a petição inicial de ação rescisória apenas porque omite a subsunção do fundamento de rescindibilidade no art. 966 do CPC de 2015 (art. 485 do CPC de 1973) ou o capitula erroneamente em um de seus incisos. Contanto que não se afaste dos fatos e fundamentos invocados como causa de pedir, ao Tribunal é lícito emprestar-lhes a adequada qualificação jurídica ("iura novit curia"). No entanto, fundando-se a ação rescisória no art. 966, inciso V, do CPC de 2015 (art. 485, inciso V, do CPC de 1973), é indispensável expressa indicação, na petição inicial da ação rescisória, da norma jurídica manifestamente violada (dispositivo legal violado sob o CPC de 1973), por se tratar de causa de pedir da rescisória, não se aplicando, no caso, o princípio "iura novit curia".

[215] "Art. 968 [...] § 5º Reconhecida a incompetência do tribunal para julgar a ação rescisória, o autor será intimado para emendar a petição inicial, a fim de adequar o objeto da ação rescisória, quando a decisão apontada como rescindenda: I - não tiver apreciado o mérito e não se enquadrar na situação prevista no *§ 2º do art. 966* ; II - tiver sido substituída por decisão posterior."

defesa e, ato contínuo, remessa dos autos para o tribunal competente (art. 968, § 6º [216]).

Cumpre mencionar que a OJ nº 70 da SBDI-II do TST[217], a qual considera inepta a petição inicial que contenha erro de endereçamento, foi atualizada em 2017 para adequar-se ao CPC/2015, sendo atualmente aplicável apenas às ações ajuizadas sob a égide do CPC/1973.

---

[216] Art. 968. [...] § 6º Na hipótese do § 5º, após a emenda da petição inicial, será permitido ao réu complementar os fundamentos de defesa, e, em seguida, os autos serão remetidos ao tribunal competente."

[217] "Ação Rescisória. Regência pelo CPC de 1973. Manifesto e Inescusável Equívoco no Direcionamento. Inépcia da Inicial. Extinção do Processo (atualizada em decorrência do CPC de 2015). Sob a égide do CPC de 1973, o manifesto equívoco da parte em ajuizar ação rescisória no TST para desconstituir julgado proferido pelo TRT, ou vice-versa, implica a extinção do processo sem julgamento do mérito por inépcia da inicial."

SÚMULAS E ORIENTAÇÕES JURISPRUDENCIAIS APLICÁVEIS

SÚMULAS DO SUPREMO TRIBUNAL FEDERAL	
NÚMERO	**TEXTO**
249	É competente o Supremo Tribunal Federal para a ação rescisória, quando, embora não tendo conhecido do recurso extraordinário, ou havendo negado provimento ao agravo, tiver apreciado a questão federal controvertida.
252	Na ação rescisória, não estão impedidos juízes que participaram do julgamento rescindendo.
343	Não cabe ação rescisória por ofensa a literal disposição de lei, quando a decisão rescindenda se tiver baseado em texto legal de interpretação controvertida nos tribunais.
514	Admite-se ação rescisória contra sentença transitada em julgado, ainda que contra ela não se tenha esgotado todos os recursos.
515	A competência para a ação rescisória não é do Supremo Tribunal Federal, quando a questão federal, apreciada no recurso extraordinário ou no agravo de instrumento, seja diversa da que foi suscitada no pedido rescisório.

SÚMULAS DO TRIBUNAL SUPERIOR DO TRABALHO	
NÚMERO	TEXTO
83	Ação Rescisória. Matéria Controvertida. I - Não procede pedido formulado na ação rescisória por violação literal de lei se a decisão rescindenda estiver baseada em texto legal infraconstitucional de interpretação controvertida nos Tribunais. II - O marco divisor quanto a ser, ou não, controvertida, nos Tribunais, a interpretação dos dispositivos legais citados na ação rescisória é a data da inclusão, na Orientação Jurisprudencial do TST, da matéria discutida.
100	Ação Rescisória. Decadência. I - O prazo de decadência, na ação rescisória, conta-se do dia imediatamente subsequente ao trânsito em julgado da última decisão proferida na causa, seja de mérito ou não. II - Havendo recurso parcial no processo principal, o trânsito em julgado dá-se em momentos e em tribunais diferentes, contando-se o prazo decadencial para a ação rescisória do trânsito em julgado de cada decisão, salvo se o recurso tratar de preliminar ou prejudicial que possa tornar insubsistente a decisão recorrida, hipótese em que flui a decadência a partir do trânsito em julgado da decisão que julgar o recurso parcial. III - Salvo se houver dúvida razoável, a interposição de recurso intempestivo ou a interposição de recurso incabível não protrai o termo inicial do prazo decadencial. IV - O juízo rescindente não está adstrito à certidão de trânsito em julgado juntada com a ação rescisória, podendo formar sua convicção através de outros elementos dos autos quanto à antecipação ou postergação do "dies a quo" do prazo decadencial. V - O acordo homologado judicialmente tem força de decisão irrecorrível, na forma do art. 831 da CLT. Assim sendo, o termo conciliatório transita em julgado na data da sua homologação judicial. VI - Na hipótese de colusão das partes, o prazo decadencial da ação rescisória somente começa a fluir para o Ministério Público, que não interveio no processo principal, a partir do momento em que tem ciência da fraude. VII - Não ofende o princípio do duplo grau de jurisdição a decisão do TST que, após afastar a decadência em sede de recurso ordinário, aprecia desde logo a lide, se a causa versar questão exclusivamente de direito e estiver em condições de imediato julgamento. VIII - A exceção de incompetência, ainda que oposta no prazo recursal, sem ter sido aviado o recurso próprio, não tem o condão de afastar a consumação da coisa julgada e, assim, postergar o termo inicial do prazo decadencial para a ação rescisória. IX - Prorroga-se até o primeiro dia útil, imediatamente subseqüente, o prazo decadencial para ajuizamento de ação rescisória quando expira em férias forenses, feriados, finais de semana ou em dia em que não houver expediente forense. Aplicação do art. 775 da CLT. X - Conta-se o prazo decadencial da ação rescisória, após o decurso do prazo legal previsto para a interposição do recurso extraordinário, apenas quando esgotadas todas as vias recursais ordinárias.

SÚMULAS DO TRIBUNAL SUPERIOR DO TRABALHO	
NÚMERO	TEXTO
192	Ação Rescisória. Competência. I - Se não houver o conhecimento de recurso de revista ou de embargos, a competência para julgar ação que vise a rescindir a decisão de mérito é do Tribunal Regional do Trabalho, ressalvado o disposto no item II. II - Acórdão rescindendo do Tribunal Superior do Trabalho que não conhece de recurso de embargos ou de revista, analisando arguição de violação de dispositivo de lei material ou decidindo em consonância com súmula de direito material ou com iterativa, notória e atual jurisprudência de direito material da Seção de Dissídios Individuais (Súmula nº 333), examina o mérito da causa, cabendo ação rescisória da competência do Tribunal Superior do Trabalho. III – Sob a égide do art. 512 do CPC de 1973, é juridicamente impossível o pedido explícito de desconstituição de sentença quando substituída por acórdão do Tribunal Regional ou superveniente sentença homologatória de acordo que puser fim ao litígio. IV – Na vigência do CPC de 1973, é manifesta a impossibilidade jurídica do pedido de rescisão de julgado proferido em agravo de instrumento que, limitando-se a aferir o eventual desacerto do juízo negativo de admissibilidade do recurso de revista, não substitui o acórdão regional, na forma do art. 512 do CPC. V- A decisão proferida pela SBDI, em agravo regimental, calcada na Súmula nº 333, substitui acórdão de Turma do TST, porque emite juízo de mérito, comportando, em tese, o corte rescisório.
246	Ação de Cumprimento. Trânsito em Julgado da Sentença Normativa. É dispensável o trânsito em julgado da sentença normativa para a propositura da ação de cumprimento.
298	Ação Rescisória. Violação à Disposição de Lei. Pronunciamento Explícito. I - A conclusão acerca da ocorrência de violação literal a disposição de lei pressupõe pronunciamento explícito, na sentença rescindenda, sobre a matéria veiculada. II - O pronunciamento explícito exigido em ação rescisória diz respeito à matéria e ao enfoque específico da tese debatida na ação, e não, necessariamente, ao dispositivo legal tido por violado. Basta que o conteúdo da norma reputada violada haja sido abordado na decisão rescindenda para que se considere preenchido o pressuposto. III - Para efeito de ação rescisória, considera-se pronunciada explicitamente a matéria tratada na sentença quando, examinando remessa de ofício, o Tribunal simplesmente a confirma. IV - A sentença meramente homologatória, que silencia sobre os motivos de convencimento do juiz, não se mostra rescindível, por ausência de pronunciamento explícito. V - Não é absoluta a exigência de pronunciamento explícito na ação rescisória, ainda que esta tenha por fundamento violação de dispositivo de lei. Assim, prescindível o pronunciamento explícito quando o vício nasce no próprio julgamento, como se dá com a sentença "extra, citra e ultra petita".

SÚMULAS DO TRIBUNAL SUPERIOR DO TRABALHO	
NÚMERO	TEXTO
299	Ação Rescisória. Decisão Rescindenda. Trânsito em Julgado. Comprovação. Efeitos. I - É indispensável ao processamento da ação rescisória a prova do trânsito em julgado da decisão rescindenda. II - Verificando o relator que a parte interessada não juntou à inicial o documento comprobatório, abrirá prazo de 15 (quinze) dias para que o faça (art. 321 do CPC de 2015), sob pena de indeferimento. III - A comprovação do trânsito em julgado da decisão rescindenda é pressuposto processual indispensável ao tempo do ajuizamento da ação rescisória. Eventual trânsito em julgado posterior ao ajuizamento da ação rescisória não reabilita a ação proposta, na medida em que o ordenamento jurídico não contempla a ação rescisória preventiva. IV - O pretenso vício de intimação, posterior à decisão que se pretende rescindir, se efetivamente ocorrido, não permite a formação da coisa julgada material. Assim, a ação rescisória deve ser julgada extinta, sem julgamento do mérito, por carência de ação, por inexistir decisão transitada em julgado a ser rescindida.
398	Ação Rescisória. Ausência de Defesa. Inaplicáveis os Efeitos da Revelia. Na ação rescisória, o que se ataca é a decisão, ato oficial do Estado, acobertado pelo manto da coisa julgada. Assim, e considerando que a coisa julgada envolve questão de ordem pública, a revelia não produz confissão na ação rescisória.
400	Ação Rescisória de Ação Rescisória. Violação Manifesta de Norma Jurídica. Indicação da mesma Norma Jurídica apontada na Rescisória Primitiva (Mesmo Dispositivo de Lei sob o CPC de 1973). Em se tratando de rescisória de rescisória, o vício apontado deve nascer na decisão rescindenda, não se admitindo a rediscussão do acerto do julgamento da rescisória anterior. Assim, não procede rescisória calcada no inciso V do art. 966 do CPC de 2015 (art. 485, V, do CPC de 1973) para discussão, por má aplicação da mesma norma jurídica, tida por violada na rescisória anterior, bem como para arguição de questões inerentes à ação rescisória primitiva.
401	Ação Rescisória. Descontos Legais. Fase de Execução. Sentença Exequenda Omissa. Inexistência de Ofensa à Coisa Julgada. Os descontos previdenciários e fiscais devem ser efetuados pelo juízo executório, ainda que a sentença exeqüenda tenha sido omissa sobre a questão, dado o caráter de ordem pública ostentado pela norma que os disciplina. A ofensa à coisa julgada somente poderá ser caracterizada na hipótese de o título exeqüendo, expressamente, afastar a dedução dos valores a título de imposto de renda e de contribuição previdenciária.

SÚMULAS DO TRIBUNAL SUPERIOR DO TRABALHO	
NÚMERO	TEXTO
402	Ação Rescisória. Prova Nova. Dissídio Coletivo. Sentença Normativa. I – Sob a vigência do CPC de 2015 (art. 966, inciso VII), para efeito de ação rescisória, considera-se prova nova a cronologicamente velha, já existente ao tempo do trânsito em julgado da decisão rescindenda, mas ignorada pelo interessado ou de impossível utilização, à época, no processo. II – Não é prova nova apta a viabilizar a desconstituição de julgado: a) sentença normativa proferida ou transitada em julgado posteriormente à sentença rescindenda; b) sentença normativa preexistente à sentença rescindenda, mas não exibida no processo principal, em virtude de negligência da parte, quando podia e deveria louvar-se de documento já existente e não ignorado quando emitida a decisão rescindenda.
403	Ação Rescisória. Dolo da Parte Vencedora em Detrimento da Vencida. ART. 485, III, DO CPC. I - Não caracteriza dolo processual, previsto no art. 485, III, do CPC, o simples fato de a parte vencedora haver silenciado a respeito de fatos contrários a ela, porque o procedimento, por si só, não constitui ardil do qual resulte cerceamento de defesa e, em conseqüência, desvie o juiz de uma sentença não-condizente com a verdade. II - Se a decisão rescindenda é homologatória de acordo, não há parte vencedora ou vencida, razão pela qual não é possível a sua desconstituição calcada no inciso III do art. 485 do CPC (dolo da parte vencedora em detrimento da vencida), pois constitui fundamento de rescindibilidade que supõe solução jurisdicional para a lide.
404	Ação Rescisória. Fundamento para Invalidar Confissão. Confissão Ficta. Inadequação do enquadramento no art. 485, VIII, do CPC de 1973. O art. 485, VIII, do CPC de 1973, ao tratar do fundamento para invalidar a confissão como hipótese de rescindibilidade da decisão judicial, referia-se à confissão real, fruto de erro, dolo ou coação, e não à confissão ficta resultante de revelia.
405	Ação Rescisória. Tutela Provisória. Em face do que dispõem a MP 1.984-22/2000 e o art. 969 do CPC de 2015, é cabível o pedido de tutela provisória formulado na petição inicial de ação rescisória ou na fase recursal, visando a suspender a execução da decisão rescindenda.

SÚMULAS DO TRIBUNAL SUPERIOR DO TRABALHO	
NÚMERO	TEXTO
406	Ação Rescisória. Litisconsórcio. Necessário no Polo Passivo e Facultativo no Ativo. Inexistente Quanto aos Substituídos pelo Sindicato. I - O litisconsórcio, na ação rescisória, é necessário em relação ao pólo passivo da demanda, porque supõe uma comunidade de direitos ou de obrigações que não admite solução díspar para os litisconsortes, em face da indivisibilidade do objeto. Já em relação ao pólo ativo, o litisconsórcio é facultativo, uma vez que a aglutinação de autores se faz por conveniência e não pela necessidade decorrente da natureza do litígio, pois não se pode condicionar o exercício do direito individual de um dos litigantes no processo originário à anuência dos demais para retomar a lide. II - O Sindicato, substituto processual e autor da reclamação trabalhista, em cujos autos fora proferida a decisão rescindenda, possui legitimidade para figurar como réu na ação rescisória, sendo descabida a exigência de citação de todos os empregados substituídos, porquanto inexistente litisconsórcio passivo necessário.
407	Ação Rescisória. Ministério Público. Legitimidade "ad causam" prevista no art. 967, III, "a", "b" e "c" do CPC DE 2015. Art. 487, III, "a" e "b", do CPC de 1973. Hipóteses meramente exemplificativas. A legitimidade "ad causam" do Ministério Público para propor ação rescisória, ainda que não tenha sido parte no processo que deu origem à decisão rescindenda, não está limitada às alíneas "a", "b" e "c" do inciso III do art. 967 do CPC de 2015 (art. 487, III, "a" e "b", do CPC de 1973), uma vez que traduzem hipóteses meramente exemplificativas.
408	Ação Rescisória. Petição Inicial. Cauda de Pedir. Ausência de Capitulação ou Capitulação Errônea no art. 966 do CPC de 2015. Art. 485 do CPC de 1973. Princípio "iura novit curia". Não padece de inépcia a petição inicial de ação rescisória apenas porque omite a subsunção do fundamento de rescindibilidade no art. 966 do CPC de 2015 (art. 485 do CPC de 1973) ou o capitula erroneamente em um de seus incisos. Contanto que não se afaste dos fatos e fundamentos invocados como causa de pedir, ao Tribunal é lícito emprestar-lhes a adequada qualificação jurídica ("iura novit curia"). No entanto, fundando-se a ação rescisória no art. 966, inciso V, do CPC de 2015 (art. 485, inciso V, do CPC de 1973), é indispensável expressa indicação, na petição inicial da ação rescisória, da norma jurídica manifestamente violada (dispositivo legal violado sob o CPC de 1973), por se tratar de causa de pedir da rescisória, não se aplicando, no caso, o princípio "iura novit curia".

SÚMULAS DO TRIBUNAL SUPERIOR DO TRABALHO	
NÚMERO	TEXTO
409	Ação Rescisória. Prazo Prescricional. Total ou Parcial. Violação do art. 7º, XXIX, da CF/1988. Matéria Infraconstitucional. Não procede ação rescisória calcada em violação do art. 7º, XXIX, da CF/1988 quando a questão envolve discussão sobre a espécie de prazo prescricional aplicável aos créditos trabalhistas, se total ou parcial, porque a matéria tem índole infraconstitucional, construída, na Justiça do Trabalho, no plano jurisprudencial.
410	Ação Rescisória. Reexame de Fatos e Provas. Inviabilidade. A ação rescisória calcada em violação de lei não admite reexame de fatos e provas do processo que originou a decisão rescindenda.
411	Ação Rescisória. Sentença de Mérito. Decisão de Tribunal Regional do Trabalho em Agravo Regimental Confirmando Decisão Monocrática do Relator que, Aplicando a Súmula Nº 83 do TST, Indeferiu a Petição Inicial da Ação Rescisória. Cabimento. Se a decisão recorrida, em agravo regimental, aprecia a matéria na fundamentação, sob o enfoque das Súmulas nº 83 do TST e 343 do STF, constitui sentença de mérito, ainda que haja resultado no indeferimento da petição inicial e na extinção do processo sem julgamento do mérito. Sujeita-se, assim, à reforma pelo TST, a decisão do Tribunal que, invocando controvérsia na interpretação da lei, indefere a petição inicial de ação rescisória.
412	Ação Rescisória. Regência pelo CPC de 1973. Sentença de Mérito. Questão Processual. Sob a égide do CPC de 1973, pode uma questão processual ser objeto de rescisão desde que consista em pressuposto de validade de uma sentença de mérito.
413	Ação Rescisória. Sentença de Mérito. Violação do art. 896, "a", da CLT. É incabível ação rescisória, por violação do art. 896, "a", da CLT, contra decisão transitada em julgado sob a égide do CPC de 1973 que não conhece de recurso de revista, com base em divergência jurisprudencial, pois não se cuidava de sentença de mérito.

ORIENTAÇÕES JURISPRUDENCIAIS SBDI-II DO TST	
NÚMERO	TEXTO
70	Ação Rescisória. Regência pelo CPC de 1973. Manifesto e Inescusável Equívoco no Direcionamento. Inépcia da Inicial. Extinção do Processo. Sob a égide do CPC de 1973, o manifesto equívoco da parte em ajuizar ação rescisória no TST para desconstituir julgado proferido pelo TRT, ou vice-versa, implica a extinção do processo sem julgamento do mérito por inépcia da inicial.
94	Ação Rescisória. Colusão. Fraude à lei. Reclamatória Simulada Extinta. A decisão ou acordo judicial subjacente à reclamação trabalhista, cuja tramitação deixa nítida a simulação do litígio para fraudar a lei e prejudicar terceiros, enseja ação rescisória, com lastro em colusão. No juízo rescisório, o processo simulado deve ser extinto.
97	Ação Rescisória. Violação do art. 5º, II, LIV e LV, da Constituição Federal. Princípios da Legalidade, do Devido Processo Legal, do Contraditório e da Ampla Defesa. Os princípios da legalidade, do devido processo legal, do contraditório e da ampla defesa não servem de fundamento para a desconstituição de decisão judicial transitada em julgado, quando se apresentam sob a forma de pedido genérico e desfundamentado, acompanhando dispositivos legais que tratam especificamente da matéria debatida, estes sim, passíveis de fundamentarem a análise do pleito rescisório.
101	Ação Rescisória. Inciso IV do art. 966 do CPC de 2015. Art. 485, IV,do CPC de 1973. Ofensa à Coisa Julgada. Necessidade de Fixação de Tese na Decisão Rescindenda. Para viabilizar a desconstituição do julgado pela causa de rescindibilidade do inciso IV, do art. 966 do CPC de 2015 (inciso IV do art. 485 do CPC de 1973), é necessário que a decisão rescindenda tenha enfrentado as questões ventiladas na ação rescisória, sob pena de inviabilizar o cotejo com o título executivo judicial tido por desrespeitado, de modo a se poder concluir pela ofensa à coisa julgada.
103	Ação Rescisória. Contradição entre Fundamentação e Parte Dispositiva do Julgamento. Cabimento. Erro de Fato. É cabível a rescisória para corrigir contradição entre a parte dispositiva do acórdão rescindendo e a sua fundamentação, por erro de fato na retratação do que foi decidido.
112	Ação Rescisória. Violação de Lei. Decisão Rescindenda por Duplo Fundamento. Impugnação Parcial. Para que a violação da lei dê causa à rescisão de decisão de mérito alicerçada em duplo fundamento, é necessário que o Autor da ação rescisória invoque causas de rescindibilidade que, em tese, possam infirmar a motivação dúplice da decisão rescindenda.

ORIENTAÇÕES JURISPRUDENCIAIS SBDI-II DO TST	
NÚMERO	TEXTO
123	Ação Rescisória. Interpretação do Sentido e Alcance do Título Executivo. Inexistência de Ofensa à Coisa Julgada. O acolhimento da ação rescisória calcada em ofensa à coisa julgada supõe dissonância patente entre as decisões exeqüenda e rescindenda, o que não se verifica quando se faz necessária a interpretação do título executivo judicial para se concluir pela lesão à coisa julgada.
124	Ação Rescisória. Art. 966, inciso II, do CPC de 2015. Art. 485, II, do CPC de 1973. Arguição de Incompetência Absoluta. Prequestionamento Inexigível. Na hipótese em que a ação rescisória tem como causa de rescindibilidade o inciso II do art. 966 do CPC de 2015 (inciso II do art. 485 do CPC de 1973), a arguição de incompetência absoluta prescinde de prequestionamento.
132	Ação Rescisória. Acordo Homologado. Alcance. Ofensa à Coisa Julgada. Acordo celebrado - homologado judicialmente - em que o empregado dá plena e ampla quitação, sem qualquer ressalva, alcança não só o objeto da inicial, como também todas as demais parcelas referentes ao extinto contrato de trabalho, violando a coisa julgada, a propositura de nova reclamação trabalhista.
136	Ação Rescisória. Erro de Fato. Caracterização. A caracterização do erro de fato como causa de rescindibilidade de decisão judicial transitada em julgado supõe a afirmação categórica e indiscutida de um fato, na decisão rescindenda, que não corresponde à realidade dos autos. O fato afirmado pelo julgador, que pode ensejar ação rescisória calcada no inciso VIII do art. 966 do CPC de 2015 (inciso IX do art. 485 do CPC de 1973), é apenas aquele que se coloca como premissa fática indiscutida de um silogismo argumentativo, não aquele que se apresenta ao final desse mesmo silogismo, como conclusão decorrente das premissas que especificaram as provas oferecidas, para se concluir pela existência do fato. Esta última hipótese é afastada pelo § 1º do art. 966 do CPC de 2015 (§ 2º do art. 485 do CPC de 1973), ao exigir que não tenha havido controvérsia sobre o fato e pronunciamento judicial esmiuçando as provas.
150	Ação Rescisória. Regência pelo CPC de 1973. Decisão Rescindenda que Extingue o Processo sem Resolução de Mérito por Acolhimento de Coisa Julgada. Conteúdo Meramente Processual. Impossibilidade Jurídica do Pedido. Reputa-se juridicamente impossível o pedido de corte rescisório de decisão que, reconhecendo a existência de coisa julgada, nos termos do art. 267, V, do CPC de 1973, extingue o processo sem resolução de mérito, o que, ante o seu conteúdo meramente processual, a torna insuscetível de produzir a coisa julgada material.

ORIENTAÇÕES JURISPRUDENCIAIS SBDI-II DO TST	
NÚMERO	TEXTO
157	Ação Rescisória. Decisões Proferidas em Fases Distintas de uma Mesma Ação. Coisa Julgada. Não Configuração. A ofensa à coisa julgada de que trata o inciso IV do art. 966 do CPC de 2015 (inciso IV do art. 485 do CPC de 1973) refere-se apenas a relações processuais distintas. A invocação de desrespeito à coisa julgada formada no processo de conhecimento, na correspondente fase de execução, somente é possível com base na violação do art. 5º, XXXVI, da Constituição da República.
158	Ação Rescisória. Declaração de Nulidade de Decisão Homologatória de Acordo em Razão de Colusão (art. 485, III, do CPC). Multa por Litigância de Má-Fé. Impossibilidade. A declaração de nulidade de decisão homologatória de acordo, em razão da colusão entre as partes (art. 485, III, do CPC), é sanção suficiente em relação ao procedimento adotado, não havendo que ser aplicada a multa por litigância de má-fé.

REFERÊNCIAS

ALVIM, Teresa Arruda; CONCEIÇÃO, Maria Lúcia Lins. **Ação rescisória e querela nullitatis**: semelhanças e diferenças. 2. ed. São Paulo: Thomson Reuters Brasil, 2020. *E-book*

ARAÚJO, Francisco Rossal de. A ação rescisória no processo do trabalho e o novo CPC. **Revista eletrônica [do] Tribunal Regional do Trabalho da 9ª Região**, Curitiba, v. 7, n. 69, p. 13-37, jun. 2018. Disponível em: https://juslaboris.tst.jus.br/bitstream/handle/20.500.12178/125110/2018_araujo_francisco_acao_rescisoria.pdf?sequence=1&isAllowed=y. Acesso em 02 out. 2021.

BASTOS, Bianca. A coisa julgada e a perspectiva da definitividade de decisões inconstitucionais diante dos limites do sistema recursal no âmbito do processo trabalhista. **Revista de direito do trabalho e seguridade social**, São Paulo, SP, v. 46, n. 211, p. 55-78, maio/jun. 2020.

BERNARDES, Felipe. **O Direito do Trabalho no Supremo Tribunal Federal**. Salvador: Editora Juspodivm, 2021.

BRASIL. Supremo Tribunal Federal. **ADI 3.395/DF**. Relator: Min. Roberto Barroso. Brasília, DF: 13 dez. 2018. Disponível em: https://redir.stf.jus.br/paginadorpub/paginador.jsp?docTP=TP&docID=749267870. Acesso em: 27 dez. 2021.

BUENO, Cassio Scarpinella. **Curso sistematizado de direito processual civil**: procedimento comum, processos nos Tribunais e recursos. Vol. 2. 8. ed. São Paulo: Saraiva Educação, 2019.

CÂMARA, Alexandre Freitas. **O Novo Processo Civil Brasileiro**. 5. ed. São Paulo: Atlas, 2019.

CAVALCANTE, Jouberto de Quadros Pessoa; JORGE NETO, Francisco Ferreira. A ação rescisória no NCPC e no entendimento jurisprudencial do TST. **Revista eletrônica [do] Tribunal Regional do Trabalho da 9ª Região**, Curitiba, v. 7, n. 69, p. 41-63, jun. 2018. Disponível em: https://juslaboris.tst.jus.br/bitstream/handle/20.500.12178/142137/2018_cavalcante_jouberto_acao_rescisoria.pdf?sequence=1&isAllowed=y. Acesso em 02 out. 2021.

CORREIA, Henrique; MIESSA, Élisson. **Súmulas, OJs do TST e recursos repetitivos**. 9. ed. rev., atual. e ampl. São Paulo: Editora Juspodivm, 2021.

DIDIER JÚNIOR, Fredie. Princípio da boa-fé processual no Direito Processual Civil Brasileiro e seu fundamento constitucional. **Revista do Ministério Público do Rio de Janeiro**, Rio de Janeiro, n. 70, p. 179-188, out./dez. 2018. Disponível em: https://www.mprj.mp.br/documents/20184/1183784/Fredie_Didier_Jr.pdf. Acesso em: 27 nov. 2021.

DIDIER JÚNIOR, Fredie; CUNHA, Leonardo Carneiro da. **Curso de direito processual civil**: meios de impugnação às decisões judiciais e processo nos tribunais. 16. ed. rev, ampl. e atual. Salvador: JusPodivm, 2019.

GRINOVER, Ada Pellegrini. Ação rescisória e divergência de interpretação em matéria constitucional. **Revista de Processo**. São Paulo, Vol. 106, n. 983, p. 31-47, set./2017.

LEITE, Carlos Henrique Bezerra. **Curso de direito processual do trabalho**. 17. ed. São Paulo: Saraiva Educação, 2019.

MARINONI, Luiz Guilherme; MITIDIERO, Daniel. **Ação rescisória**: do juízo rescindente ao juízo rescisório. São Paulo: Revista dos tribunais, 2017.

MARTINS, Sergio Pinto. **Direito processual do trabalho**. 39. ed. São Paulo, Saraiva, 2017.

MIESSA, Élisson. **Processo do Trabalho**. 7. ed. rev., ampl. e atual. São Paulo: Editora Juspodivm, 2019.

NAHAS, Thereza. **Direito processual do trabalho**: processo de conhecimento e tutelas de urgência (antecipada e cautelar): tomo I. Rio de Janeiro: Elsevier, 2007.

NAHAS, Thereza Christina; FINCATO, Denise; CAMPOS, Amália Rosa de. **Prática de processo do trabalho**: do presencial ao virtual. São Paulo: Thomson Reuters Brasil, 2020.

NASCIMENTO, Amauri Mascaro. **Curso de direito processual do trabalho**. 28. ed. São Paulo: Saraiva, 2013.

OLIVEIRA, Francisco Antonio de. **Comentários às Súmulas do TST**. 6. ed. rev., atual. e ampl. São Paulo: Editora Revista dos Tribunais, 2005.

PONTES DE MIRANDA, Francisco Cavalcanti; NERY JUNIOR, Nelson; ABBOUD, Georges. **Tratado da ação rescisória**: das sentenças e de outras decisões. São Paulo: Revista dos Tribunais, 2016.

PORTO, Sérgio Gilberto. **Ação rescisória atípica**: instrumento de defesa da ordem jurídica. São Paulo: Editora Revista dos Tribunais, 2003.

RUBIN, Fernando. Cabimento restritivo da ação rescisória diante da formação da coisa julgada material: o respeito à histórica Súmula 343 do STF. **Justiça do trabalho**, Porto Alegre, RS, ano 32, n. 375, p. 132-145, mar. 2015.

SANTOS, Enoque Ribeiro dos; HAJEL FILHO, Ricardo Antonio Bittar. **Curso de direito processual do trabalho**. 4. ed. São Paulo: Atlas, 2020.

SCHIAVI, Mauro. **Manual de direito processual do trabalho**. 16 ed. São Paulo: LTr, 2020.

SILVA, Homero Batista Mateus da. **Curso de direito do trabalho aplicado**: processo do trabalho. 3. ed. rev, atual. e ampl. São Paulo: Revista dos Tribunais, 2017. Vol. 9.

SILVA, Homero Batista Mateus da; ROCHA, Fábio Ribeiro da. Aspectos polêmicos da ação rescisória no processo do trabalho. **Revista LTr**: Legislação do Trabalho. São Paulo, Vol. 84, n. 09, p. 1064-1077, set. 2020.

SOARES, Marcelo Negri. **Ação rescisória**. São Paulo: Artemis Editora, 2015.

TEIXEIRA FILHO, Manoel Antonio. **Ação Rescisória no processo do trabalho**. 5. ed. São Paulo: LTr, 2017.

TESHEINER, Jose Maria Rosa. Ação rescisória no novo código de processo civil. **Revista de Processo**. São Paulo, Vol. 40, n. 244, p. 209-243, jun. 2015.